새로운 세상을 꿈꾼

해월 **최시형**

새로운 세상을 꿈꾼

해월 최시형

조중의 지음

자음과모음

차례

3장

동학혁명을 이끌다

1장

모진 시절을 견디다

높이 날아 멀리 가라

1864년 3월 16일. 꽃샘추위가 찾아왔다.

산비탈 응달에는 며칠 전 쏟아진 봄눈이 채 녹지 않고 그대로 쌓여 있었다. 북쪽 산비탈을 따라 올라가다 보면 얼어붙은 눈이 하얗게 빛났다. 남쪽은 녹아 버린 눈 아래로 황톳빛 산비탈이 흉하게 드러났다. 바람은 차가웠지만 들판에는 벌써 봄기운이 느껴졌다.

낮이 되면 밤새 얼어붙었던 산길이 햇볕에 녹아 곤죽처럼 질퍽거렸다. 해월은 짚신 밑에 들러붙는 진흙을 털어 내느라 잠시 걸음을 멈추었을 뿐 쉬지 않고 걸었다. 짚신 안에 스며든 물기로 축축해진 버선이 무거웠다. 발바닥이 아렸다. 오늘 중으로 대구에 도착해야 했다. 동해 바닷가 영덕에서 대구까지 꼬박 사흘을 걸어야 했다.

해월은 나라가 어지러울수록 핍박의 강도가 더할 것이라고 직감하고 있었다. 스승 수운이 관군에게 체포돼 대구 감영에 투옥된 것부터가 수난의 시작을 알리는 신호탄임을 알았다. 해월은 지친 몸을 다시 추슬러 발걸음을 빨리했다. 영덕을 떠나 청송, 영천을 지나 사흘째 되는 오늘에야 대구 인근의 압량에 도착할 수 있었다.

두 달 전인 1864년 1월 16일에 갑자기 국왕 철종이 죽는 바람에 정국이 혼란스러웠다. 철종의 뒤를 이어 열두 살이던 어린 고종이 임금으로 등극했지만 왕실은 갈팡질팡하고 있었다. 전국 곳곳에서 민란이 끊이지 않았고, 기근으로 굶어 죽거나 집을 나와 유랑하는 사람들이 급증했다. 국가 경제는 갈수록 나빠져 회복이 불가능할 지경이었다.

세상이 혼란스러울수록 동학과 천주교의 교세는 날로 성장했다. 무엇보다 동학은 의지할 곳 없는 국민에게 캄캄한 밤중에 빛나는

등불의 역할을 했다. 너도나도 동학도가 되면서 그것을 따르는 사람이 눈덩이처럼 불어났다.

그러자 불안해진 전국의 사대부 양반과 유생들이 중앙정부에 동학을 단속해 달라는 상소를 올렸다. 중앙의 관료들은 법질서와 국가 기강을 바로 세우겠다는 핑계로 동학을 탄압했다. 대신들은 정치적 신념을 뒤로한 채 왕실의 눈치 보기에만 급급했다. 정부 관료들 스스로가 정체성을 잃고 혼돈에 빠진 형국이었다.

해월이 대구 성 안에 있는 곽덕원의 집에 이르렀을 때는 해가 서산 너머로 막 사라진 직후였다. 해월의 입에서 연신 허연 김이 뿜어져 나왔다. 날은 몹시 추웠지만 쉬지 않고 걸어오느라 땀이 났고 숨이 가빴다.

"선생님! 살아 계셨군요. 그런데 여길 어떻게……."

곽덕원은 사립문을 열어 주며 사방을 살폈다. 한 달 전, 관군에게 쫓겨 도피했다는 소식을 들은 후 생사가 궁금했던 해월 선생이 느

닷없이 들이닥친 것이 반갑기도 하고 놀랍기도 했다. 두 사람은 뒤쫓는 자가 있는지 재차 확인한 후 집 안으로 들어갔다.

곽덕원과 마주 앉은 해월의 마음은 참담했다. 그는 대구 감영 옥사에 갇혀 있는 스승의 안부가 궁금했다.

"대구 감사 서헌순이 거의 한 달 가까이 심문을 하고 있답니다. 얼음장 같은 땅바닥에 앉혀 놓고 심문하면서 매질까지 가해 언 살이 터지고……. 고초가 심한 것 같습니다. 스승님이 굽히지 않고 있으니까, 왕실에서 극형에 처할 것이라는 소문이 성내에 파다합니다."

"스승님을 희생 제물로 삼은 정부가 그냥 풀어 줄 리가 없지 않겠는가?"

해월은 스승 수운을 만나야 한다는 생각뿐이었다. 수운은 지난 1월 경주 용담정에서 중앙정부가 급파한 선전관(宣傳官) 정운구에게 체포되었다. 그 후 해월과 제자들은 모두 뿔뿔이 흩어져 두 달째 쫓기는 몸이 되었다. 그렇지만 해월은 한시도 스승 수운에 대한 생각을 놓은 적이 없었다.

"스승님을 면회할 수 있는 길을 찾아보게."

곽덕원은 해월의 마음을 헤아릴 수는 있었지만 어명으로 체포된 수운은 외부 사람과 면회가 불가능하다는 사실을 잘 알고 있었다. 해월도 자신의 시도가 부질없음을 알고 있었다. 그러나 얼마 못 가

목이 베어져 죽게 될 스승을 마지막으로 꼭 만나야 한다는 일념이 타올랐다.

해월은 영덕을 떠나올 때 그곳 동학도 유상호에게 꾼 돈 100냥을 곽덕원 앞에 내놓았다. 곽덕원은 울컥 눈물이 쏟아지려는 것을 참는 듯했다. 스승을 만나기 위해, 관군의 수배령을 뚫고 동해안 영덕에서 대구까지 90킬로미터의 먼 길을 걸어온 해월의 정성이 가슴을 찔렀기 때문이다. 곽덕원은 해월의 간절한 소원이 담긴 돈 꾸러미가 눈가에 맺히는 눈물 때문에 어른거리는데도 내려다보며, 한동안 말을 잇지 못했다.

한편 대왕대비 조씨는 열두 살의 어린 고종 때문에 고민했다. 급박하게 돌아가는 시국에 그가 떠올린 인물은 고종의 아버지인 흥선군 이하응이었다. 조 대비는 그를 불러들여 철없는 어린 국왕을 대신해 정부 조직을 장악하려 했다. 국왕의 아버지를 앞세워 강력한 국가권력을 되살리고 왕실의 권위를 되찾자는 묘책이었다.

너무나 긴박한 정국이어서 지체할 여유가 없었다. 대왕대비는 철종이 죽은 지 닷새 만인 1월 21일 이하응을 대원군으로 세워 어린 아들이자 국왕이기도 한 고종을 대신해 국정을 이끌도록 허락했다. 대원군은 정권을 이어받은 즉시 백성들을 현혹하고 나라의 정체성을 어지럽히는 원인 가운데 하나가 동학과 천주교 등 신흥

종교라고 규정했다.

　대원군 체제로 바뀌자 중앙정부의 관료들은 날로 쇠락해 가는 왕실의 권위를 세우고 급변하는 세계 질서에 대응하는 방법치고는 유치하기 짝이 없는 묘안을 냈다. 그것은 바로 동학을 만든 수운 최제우를 처형하는 일이었다. 중앙정부는 수운을 처형함으로써 국민의 기강을 바로잡는 것이 가장 효과적인 결과를 얻으리라 여겼다. 수운이 대원군 정부의 사냥감이 되는 것이었다. 정부는 수운 최제우에 대한 체포령을 내리고 정운구를 선전관으로 임명해 경상도 경주로 급파했다.

　1864년 1월 18일 경주에 도착한 정운구와 무예별감 양유풍, 장한익, 포도군관 이은식 등이 경주 진영의 군졸 30여 명을 동원해 야심한 밤 구미산 계곡 용담정을 급습했다. 수운이 체포된 날은 소한(小寒) 추위가 맹위를 떨치던 깊은 겨울이었다.

　해월은 대구 성내 곽덕원의 집에 숨어 사흘을 기다렸다. 그사이 꽃샘추위가 풀려 봄기운이 완연했다. 저녁 무렵 곽덕원이 기별을 주었다. 오늘 밤이라고 했다.

　먹물보다 검은 그믐밤이었다. 머리 위에서 반짝이는 파란 별들이 빛을 내뿜었다. 멀리 성루에 횃불이 타올랐지만, 해월이 서 있는 골목과는 전혀 관계없는 일이었다. 오히려 서로의 눈빛이 더 밝아 보였다. 밤 8시 곽덕원은 해월을 안내해 감영 옥사 쪽으로 발걸음을 재촉했다. 그사이 골목길이 얼어붙어 딱딱했다. 낮에 찍힌 발자국 안에 고여 있던 물에는 살얼음이 얼었고, 아직 녹지 않은 초가지붕 위의 눈이 별빛 아래 희미하게 드러나 으스스했다. 개 짖는 소리가 끊이지 않았다.

수운의 감방을 책임지고 있는 옥사장은 감영 서쪽에 자리한 감옥 가까이에 살고 있었다. 곽덕원은 옥사장을 불러내 돈 꾸러미를 내밀었다. 옥사장은 동학 괴수의 감옥에 밥상을 나르는 옥바라지 곽덕원을 금세 알아보았다. 해월은 초조했다. 자칫하면 이대로 관군에게 붙들려 스승처럼 옥에 갇힐 수도 있었다. 옥사장이 초라한 행색을 하고 있는 해월을 훑어보더니 곽덕원에게 까닭을 물었다. 가까운 친척이라고 둘러댔다. 죄인 수운의 앞날이 어찌 될 줄 몰라 최씨 문중을 대표해 참형을 당하기 전에 마지막으로 얼굴이라도 보고자 찾아왔다고 말했다.

"중죄인이라 난처하네. 왕실에서도 무서워하는 동학 괴수라서 나도 힘들기는 마찬가지라네."

"잠시 안부만 전하면 됩니다. 가문의 인정을 너무 야박하게 무시하지 마시고 제발……."

곽덕원이 옥사장 품에 돈 꾸러미를 안겼다. 옥사장은 망설이는 눈치였다. 한몫 챙길 수 있는 기회이기도 했기 때문이다. 그가 두리번두리번 옥사 쪽을 살피더니, 곽덕원을 끌고 성급히 집 안으로 들어갔다.

잠시 후 밖으로 나온 곽덕원이 해월을 옥사장 집 부엌으로 데리고 들어가 옥사장에게 빌린 옥졸의 겉옷으로 갈아입으라고 했다. 아궁이에서 숯덩이를 꺼내 해월의 얼굴에 문질러 발랐다. 영락없이 옥바라지 꼴이었다.

"저 대신 스승의 감방에 찬을 넣는 것처럼 변장해서 들어가기로 했습니다. 여기 차려진 밥상을 들고 옥사장을 따라가면 됩니다. 전 여기서 기다리겠습니다."

너무 긴장을 한 탓인지 곽덕원의 눈동자가 마구 흔들렸다. 해월은 비로소 깊은 한숨을 내쉬었다.

"너무 걱정 말게. 우리의 뜻이 이처럼 뜨거운데 두려울 일이 뭐 있겠나. 하늘이 도울 걸세."

밥상을 든 해월의 손이 떨렸다. 자칫 변장이 들통 나서 붙들릴 수도 있다는 두려움 때문이 아니었다. 이제 곧 스승 수운을 만날 수 있다는 설렘 때문이었다. 산길과 들길을 따라 쉬지 않고 걸어오는 동안 스스로도 불가능하리라 여겼던 일이 이루어진 것이다.

수운은 멍석 위에 앉아 있었다. 해월이 들어오자 한 차례 희미한 등불이 흔들렸다. 등 뒤로 검은 그림자가 생겨났다. 수운은 눈을 감고 있었다. 옥바라지가 저녁 끼니를 가져온 줄 알고 있는 듯 쳐다볼 생각도 하지 않았다. 찢어지고 해어진 솜바지와 저고리는 핏자국과 땟물로 얼룩져 있었다. 입술은 터져서 불어 있고 광대뼈에 난 상처 자국이 깊어 보였다. 그런 스승의 모습을 본 해월의 마음은 찢어지는 듯 아팠다. 곽덕원의 말대로 스승은 옥졸들에게 혹독한 고문을 당한 것이다.

해월이 일부러 헛기침 소리를 냈다. 그 소리에 수운이 눈을 떴다. 숯을 발라 얼굴은 검고 옥바라지의 지저분한 옷을 입었지만 밥상을 내려놓는 자가 사랑하는 제자 해월임을 금세 알아본 것이다.

두 사람은 서로 아무 말도 꺼내지 못했다. 누구도 선뜻 입을 열려고 하지 않았다. 밥상을 내밀고 잠시 물러나 마주 앉아서도 침묵만 흘렀다. 해월의 눈가에 촉촉이 눈물이 맺혔다. 수운은 모르는 척 숟가락을 들어 밥을 떴다. 저녁을 먹는 짧은 시간 동안, 두 사람은 이 순간이 이생에서의 마지막 만남이 될지도 모른다는 참담한 심정이었지만 쓰라린 내면을 드러내지 않았다. 해월은 밥을 먹는 스승을 바라보았다. 직접 보았으니 더 이상 무엇을 바랄까! 마주 앉아 얼굴을 본 것만으로도 여한이 없었다.

벌써 돌아가야 할 시간이었다. 수운이 밥상을 물리고 숨을 골랐다. 잠시 옥문 밖을 살폈다. 옥문지기 몰래 몇 겹을 접어 지전 반쪽 크기도 안 되는 종이쪽지를 밥상 위에 올려놓았다. 해월은 재빨리 쪽지를 집어 안주머니에 넣었다. 밥상을 들고 일어서자 다시 등불이 흔들렸다. 해월은 침묵으로 작별을 고했다. 수운의 맑고 고요한 눈빛과 마주한 해월의 눈에서 주르륵 눈물이 흘러내렸다. 두 손으로 밥상을 잡은 해월은 흐르는 눈물을 닦을 수가 없었다. 볼을 타고 내려온 굵은 눈물방울이 턱을 적신 후 밥상 위로 뚝뚝 떨어졌다. 스승 수운이 눈을 감았다.

곽덕원과 함께 집으로 돌아오니 수운의 조카 맹륜과 신령 사람 하치욱, 영해 사람 박하선, 청하 사람 이경여, 고성 사람 성한서, 울산 사람 서군효 등이 모여 있었다. 이들은 그 지역 동학을 이끄는 접주였다. 각 지역 접주들은 스승 수운이 대구 감영에서 심문을 받은 뒤 중앙정부의 지시를 기다리고 있다는 사실을 알고 있었다. 보나 마나 정부에서 수운에게 사형 집행을 내린다는 소문을 듣고 찾아온 것이었다.

해월은 침통한 심정을 감출 수 없어 한동안 말을 잇지 못했다. 스승을 살릴 길은 없는가! 오로지 그 생각뿐이었다. 그러나 불가능한 일이었다. 대구 감영의 경비도 삼엄했지만 감옥까지 들어가 스승을 구출할 수 있는 신출귀몰한 용병도 없었다. 해월과 그의 제자들 모두 스승의 목이 베일 날을 기다려야 하는 신세였다.

해월은 잠시 마음을 가다듬은 뒤, 주머니에 넣어 둔 종이쪽지를 꺼냈다. 꼬깃꼬깃 접어 둔 한지를 펼치자 스승이 직접 쓴 글씨가 보였다. 그 글이 스승 수운이 남긴 마지막 시가 될 줄은 아무도 몰랐다.

燈明水上無嫌隙(등명수상무혐극)
柱似枯形力有餘(주사고형역유여)
高飛遠走(고비원주)

혐의를 잡아내려고 물 위에 등불을 밝혀 보지만 혐의를 찾아낼 틈새가 없을 것이다.
기둥은 말라 버린 모습이지만 그 힘은 갈수록 여전히 남아 있다.
높이 날아 멀리 가라.

이날 밤, 해월은 각지에서 모여든 제자들에게 뿔뿔이 흩어져 당분간 칩거할 것을 명령했다. 관군의 추격이 더욱 강화될 것이 분명했기 때문이었다.

"스승님의 지시를 따르는 것이 앞으로 우리가 살길이라고 보네. 살아남아야 우리의 꿈을 실현할 수 있지 않겠는가!"

모두 그냥 흩어져야 한다는 사실이 아쉽고 답답했지만 다른 방법이 없다고 생각했다.

"선생님께서도 부디 무사히 피하시길 바랍니다."

곽덕원이 주먹밥을 싼 보자기를 내밀었다.

"좌절하지 말고 마음을 굳게 하길 바라네. 새로운 세상을 위해 쉬지 말고 기도하고 깨어 있어야 할 것이야."

밤사이 곽덕원의 집에 모여들었던 제자들이 하나둘 떠났다. 해월은 동이 트기 전 새벽녘 곽덕원의 집을 나섰다. 봄이 왔지만 이른 새벽 공기는 뼛속을 에이는 듯 차가웠다. 대구 성문을 빠져나온 해월은 어디로 갈 것인지 막막했다. 지상 어디에도 자신을 반겨 줄 곳이 없었다. 자칫 자취를 남기기라도 하면 관군에게 추격당할 것이었다. 자신을 숨겨 준 사람은 관가로 붙들려 가 고초를 당해 몸이 상하거나 가산을 모두 빼앗길 판이었다. 자신이 살던 경주 집은 더욱 멀리해야 했다. 경주 진영의 감시가 심해 발을 들여놓으면 즉시 체포될지도 몰랐다.

해월은 무작정 걷기 시작했다. 그는 산세가 험악하고 골짜기가 길뿐더러 강이 깊어 위급한 일이 닥쳤을 때 피신하기 좋은 안동 쪽으로 발걸음을 돌렸다. 안동은 동북 방면의 영양과 봉화를 통해 태백산으로 숨어들기에도 좋을 것이라는 생각이 스쳤다. 이때 해월을 따라 동행한 사람은 김춘발이었다. 그는 선생을 홀로 떠나보낼 수는 없다며 행장을 차려 따라나섰다.

해월은 사흘 뒤 안동 접주 이무중의 집에 숨어들었지만 하루 만에 관군에게 급습을 당했다. 이웃의 누군가가 수상한 사람이 숨어 있다며 안동 진영에 밀고를 한 것이었다. 해월은 늦은 밤 관군이 대문을 두드리는 소리에 놀라 맨발로 뒷담을 넘었다. 행장을 챙기는 것은 고사하고 짚신조차 신을 여유가 없었다. 반달이 어스름한 밤길을 비추고 있었다. 해월은 청량산 쪽으로 향하는 들길을 따라 달렸다. 맨발바닥이 나뭇가지에 찔리고 돌부리에 채여 통증이 밀려왔지만 주춤거릴 틈이 없었다.

그날 밤 맨발로 도망쳐 나온 해월은 쉬지 않고 걸었다. 영양 석보를 지나 태백산맥 창수령을 넘어 이틀 뒤 영덕 접주 강수의 집에 도달했다. 이틀 동안 끼니를 거른 해월은 거의 탈진할 지경이었다.

강수의 집에 숨어든 그는 이곳에서 주린 배를 채우고 잠시 지친 몸을 다독일 겨를도 없이 스승 수운이 대구 감영에서 목이 베어졌다는 충격적인 소식을 들었다. 해월은 밤새 눈물을 쏟았다. 눈물이 멈추지 않았다. 종종 가슴으로부터 복받쳐 올라오는 흐느낌이 통곡으로 변하기도 했다.

수운에게 사형을 집행하라는 훈령이 대구 감영에 도착한 날은 해월이 대구 성을 빠져나온 뒤 며칠 지나지 않은 1864년 4월 13일이었다. 많은 시민이 모인 자리에서 공개적으로 목을 베어 높은 곳에 매달아 놓는 효수형이었다.

당시 정부 관료들이 격론을 벌인 끝에 국왕에게 올린 수운 최제우의 처결에 대한 건의문의 내용은 네 가지였다.

—동학은 서양의 도술을 그대로 물려받은 것으로 이름만 바꾸어 국민을 현혹하고 있다.

—조속히 잡아 다스리지 않으면 중국의 황건적과 백련교 같은 화근이 될지도 모른다.

—동학 괴수 최제우를 시민과 군인이 많이 모인 자리에서 목을 베어 경계심을 주어야 한다.

—영남처럼 유교와 유학이 왕성한 고장이 이런 사교에 휘말리는 것이 매우 걱정스럽다.

이 건의문은 4월 7일 국왕 고종의 손에 들렸다. 대원군의 결심은 확고했다. 그 후 4월 13일 대원군은 사형을 집행하라는 국왕의 전교(傳敎)를 내렸다. 그리고 이틀 후 전격적으로 사형이 집행됐다.

4월 15일은 금요일이었다. 정오 무렵에 이르자 따사로운 봄볕이

내리쬐는 가운데 아지랑이가 피어올랐다. 수운이 처형된다는 소문을 듣고 대구 시민들이 감영 주위로 몰려들었다. 오후 1시가 지나 수운이 대구 감영 남문 앞 개울가에 있는 관덕정 뜰에 끌려 나와 가운데 섰다. 한창 물이 오른 개울가의 버드나무가 푸릇푸릇했다. 늘어진 가지가 바람이 불 때마다 여인의 머릿결처럼 나부꼈다. 마당 한복판에 긴 나무 장대가 서 있고, 그 아래 널따란 판자가 깔려 있었다. 판자 끝에 목침 같은 나무토막 한 개가 놓였다. 사람의 목을 베는 형틀이었다.

두 명의 관졸이 수운을 형틀에 묶어 땅에 엎드려 놓은 뒤 목침 위에 수운의 목 앞부분을 걸쳐 고정했다. 망나니가 큰 칼을 들고 춤을 추었다. 잠시 후 시퍼런 칼이 한바탕 허공을 크게 가르더니 수운의 목을 내리쳤다. 떨어진 목이 밧줄에 매달려 장대 끝에 걸렸다. 몰려 있던 시민 가운데 아낙네들은 놀라 비명을 질렀다. 모두가 두려움에 떨었다. 갑자기 먹구름이 끼고 빗물이 떨어졌다. 번개가 치고 한차례 천둥소리가 울렸다. 이때 수운의 나이 마흔하나였다.

슬픔과 고통으로 밤을 지새운 해월은 강수의 부인이 차려 준 아침밥을 한술도 뜨지 못했다. 해월은 스승을 잃은 슬픔 속에서도 자신을 쫓고 있는 관군이 언제 이곳으로 들이닥칠지 몰라 불안했다. 그 때문에 날이 밝자마자 집을 나섰다.

"선생님, 진지라도 드시고 나서십시오!"

강수가 해월의 소매를 붙들었다. 해월은 단호하게 거절했다.

"더 지체할 시간이 없네. 안동에서도 관군이 덮쳤는데 겨우 화를 면했다네. 여기도 안심할 수가 없네. 내 걱정은 말게나. 자칫 자네가 곤경에 처할 수도 있으니 내가 어서 빨리 떠나는 것이 서로에게 좋을 걸세."

해월은 강수가 건네준 짚신을 신었다. 찢기고 갈라진 발이 퉁퉁 부어올라 짚신이 꽉 쪼였지만 이전보다 훨씬 든든했다. 그는 강수의 손을 잡은 채, 중앙정부의 단속이 풀릴 때까지 꼭꼭 숨어 지낼 것을 당부했다. 두 사람은 살아서 다시 만나자는 다짐을 눈빛으로 주고받았다.

해월은 강수의 집에서 나와 잠시 머뭇거렸다. 관군의 추격이 힘든 산간벽지로 피신해야 한다고 생각했다. 해변을 따라 구불구불 이어진 자갈길을 걸어 북으로 올라갔다. 봄이 오는 길목에 바닷바람이 불었다. 검푸른 동풍이었다. 스승 수운의 죽음이 뼈에 사무치도록 해월의 마음을 아프게 했다. 앞으로 어떻게 동학을 이끌어야 할지 막막했다. 절벽 끝에 선 느낌이었다.

해월은 영덕 영해를 지나 울진 평해에 있는 농부 황주일의 집을 찾았다. 해월은 인적조차 뜸한 산골짜기 허름한 농가에 이르러서야 관군의 끈질긴 추적을 따돌릴 수 있었다. 이곳에서 해월은 스승 수운의 죽음을 애도하며 두문불출했다.

외로운 소년

1827년 4월 16일. 붉은 진달래꽃이 앞다투어 피어나고 있었다. 이 무렵 신라 천년 고도 경주에서는 훗날 '해월'이라고 불리게 될 최경상이 태어났다.

경주는 신라의 수도로 긴 세월 번영을 누린 땅이었다. 그러나 고려와 조선시대를 거치면서 쇠락하기 시작해 변방의 도시로 전락했다. 성벽이 무너지고, 궁궐터에는 잡초가 무성했다. 화려했던 천년의 영화가 아픈 추억으로 감추어진 도시 곳곳은 스산하고 적막했다. 도시를 스쳐 가는 봄바람 속에 묻어 있는 알 수 없는 정체는 우울감이었다.

만삭인 배씨 부인의 걸음걸이는 느렸다. 서둘러 친정이 있는 경주 시내 황오동으로 발길을 옮겼지만 몸이 무거워 마음대로 되지 않았다. 남편 최종수는 아내를 황오동 처가에 데려다주기 위해 집을 나설 때 유난히 따사로운 봄볕에 눈살을 찌푸렸다. 최종수는 변변찮은 생계 때문에 첫째 아이가 태어나는 것이 부담스러웠다. 아버지 최규인이 서른다섯 살의 젊은 나이로 죽는 바람에 종수는 동생 한수와 더불어 곤고한 삶을 살아야 했다. 그는 그때까지만 해도 아버지의 단명이 자신에게까지 이어질 줄 까맣게 몰랐다.

1827년은 조선왕조 후기이자 제23대 왕인 순조 말기였다. 순조는 자신의 건강이 극도로 쇠약해지자 어린 아들인 왕세자 익종을 내세워 대신 정사를 돌보게 했다.

이때 서울에서는 정국이 어수선해져 야간 통행금지가 실시됐다. 전라도와 경상도 각지에서 잇따라 천주교인에 대한 탄압 사건이 일어났다. 평안도와 함경도, 전라도 등 전국적으로 홍수 피해가 끊이지 않았다. 지진까지 발생해서 땅이 흔들리자 민심이 흉흉했다. 순조가 왕으로 있던 34년 동안 전염병과 천재지변이 끊이지 않고 일어났으며 반란과 역모가 이어졌다. 또한 안동 김씨의 세도정치가 극에 달했다. 조선의 명운이 서산에 걸린 해처럼 기울기 시작했던 그 시기, 쇠락하는 조선왕조의 검은 그림자가 서서히 드리울 때 최경상이 태어났다.

배씨 부인이 경주 읍성 북문을 빠져나올 때 가벼운 산통이 시작됐다. 읍내 저잣거리를 지나 황오동 친정집에 막 도착했을 때 본격적인 산통이 찾아왔다. 부인은 대문을 넘어설 때 지독한 산통으로 걸음을 옮기지 못할 지경이었다. 배를 부여안고서 주저앉고 말았다. 친정어머니가 달려 나와 만삭의 몸으로 주저앉아 땀을 흘리고 있는 딸을 보며 어쩔 줄 몰라 허둥댔다. 남편과 친정어머니가 임부의 양쪽 팔을 붙들어 일으켜 세웠다. 불과 네댓 걸음을 걷더니 다시 주저앉았다.

"아! 아!"

배씨 부인의 이마 위로 구슬땀이 흘렀다. 남편 최종수는 자식을 마당에서 낳게 할 수 없다는 생각에 부인의 몸을 불쑥 안아 올렸다. 이미 양수가 흘러내려 치맛자락을 적셨다. 남편은 혼신의 힘을 다해 부인을 마루 위에 올려놓았다. 부인은 세상을 향해 나오려는 배속 아이의 몸부림으로 기진맥진해 있었다. 남편이 부인을 안방 아랫목에 눕히자마자 "아악!" 하는 외마디 비명이 귓전을 울렸다. 그리고 한순간 잠잠했다. 지독한 침묵이었다. 얼마나 흘렀을까. 갓난아이의 울음이 터져 나왔다. 훗날 해월이라 불리게 될 최경상이 세상에 나온 것이다. 경주 남산의 붉은 진달래꽃이 한창이던 1827년 4월 16일(음력 3월 21일)이었다.

경상이 다섯 살 되던 해 어머니 배씨가 돌연 병환으로 숨을 거두고 말았다. 의술이 전무했던 시절인지라 배씨가 어떤 병에 걸려 죽게 됐는지 알 수가 없다. 어린 경상은 이때부터 어머니의 보살핌은 커녕 몸과 마음을 의지할 곳이 없어 몹시도 외로움을 탔다.

경상의 아버지 최종수는 부인 배씨가 죽자 아들의 외로움을 달래 주기 위해 정성을 쏟았다. 비록 가난했지만 가문의 법도와 조상 대대로 이어져 오던 전통과 정신적인 가풍을 가르치는 데 소홀하지 않았다. 최종수는 무엇보다 외아들 경상을 영남학파 선비 가운데 손꼽혔던 증조부 최계동 학문의 맥을 이어 갈 선비로 키우겠다는 결심을 했다. 그것이 가난을 떨칠 수 있는 유일한 길이라고 생각했다.

최종수는 아들 경상을 경주 서쪽 선도산 아래 자리한 서악서원에 보냈다. 그때 경상은 열 살이었다. 경상과 함께 서천 돌다리를 건너 서악서원에 다녔던 단짝이 바로 김계사였다. 김계사는 경상보다 어렸지만 훗날 영남 일대에서 최고로 꼽히는 명문장가가 됐다.

훗날 경상은 봉건사회의 어둠을 걷어 내는 동학의 가시밭길을 걷게 되고, 계사는 학문의 길에 들어서 영남 일대 명망 높은 문장가의 자리에 올랐다. 이처럼 두 사람이 확연히 다른 길을 가게 될 줄은 아무도 몰랐다.

경상은 열 살에서 열다섯 살 때까지 아버지의 적극적인 후원으로 서악서원에 다니며 공부할 때가 생애를 통틀어 가장 행복하고 안정된 시기였다. 경상은 걱정, 근심 없이 아버지의 보살핌을 받으며 글공부에 매진할 수 있었다.

경상이 열다섯 살 사춘기가 됐을 때 예기치 못한 비극이 닥쳤다. 1841년 10월 15일 아버지 최종수가 서른세 살의 나이로 갑자기 죽고 말았다. 경상은 다섯 살 때 어머니를 잃고 이어 열다섯 살에는 아버지마저 떠나보내게 되어 큰 충격을 받았다. 더구나 집안의 내력을 살피면 할아버지 최규인도 서른다섯 살의 젊은 나이에 작고했다.

경상은 할아버지부터 어머니와 아버지까지 모두가 일찍이 죽어 땅에 묻히자 죽음에 대한 공포에 시달렸다. 불안과 두려움이 경상의 설익은 몸과 여린 영혼을 짓눌렀다.

아버지가 죽고 나자 열다섯 살의 경상은 고아가 되고 말았다. 경상은 하나뿐인 어린 여동생과 함께 슬피 울었다. 누구 하나 경상 남매를 거들떠보지 않았다. 드넓은 세상이지만 그들 남매를 돌보아 줄 이가 없었다.

경상은 유일한 혈족이기도 한 종숙(從叔) 최익상의 집에 찾아갔다. 종숙부라면 세상을 뜬 사촌 형의 어린 남매를 모른 체하지 않을 것이라는 생각에서였다. 예상했던 대로 최익상은 그들 남매를 반갑게 맞이했다. 그때부터 종숙부 최익상의 집에 거처했다. 종숙부가 아니었다면 동네를 유랑하며 밥을 얻어먹는 거지 신세가 되어야 했다. 최익상은 인격이 훌륭한 사람이었다. 그는 일찍이 부모를 잃고 고아가 된 경상 남매를 친자식처럼 따뜻하게 보살펴 주었다.

경상의 운명은 모질었다. 하늘은 그에게 편안한 안식처를 허락하지 않았다. 경상은 종숙부의 집에 함께 살면서 밭일을 돕고 땔감을 해 오는 등 머슴처럼 노동을 했다. 그러나 홍수와 기상이변으로 연이어 흉작이 들면서 농사를 망치자 종숙부의 가정 형편이 갑자기 곤궁해졌다. 식솔이 많은 데다가 흉년이 이어지면서 파산 지경에 이르자 종숙부는 고민 끝에 조카인 경상 남매를 먼 친척에게 보내기로 마음먹었다.

"경상아! 너에게는 8촌 되는 먼 친척이지만, 그래도 이곳에서 모두가 굶는 것보다야 낫지 않겠니? 서로가 살길은 이것뿐인 것 같구나."

경상은 여동생을 데리고 종숙부 최익상의 집을 나와 경주 북쪽 신광에 살고 있는 8촌 숙부 집으로 향했다. 경주 성을 빠져나와 북쪽으로 난 들길을 걷고 있자니 눈물이 앞을 가렸다. 경상은 소매를 들어 동생 몰래 흘러내리는 눈물을 닦았다. 서럽고 막막해서 가슴이 막히는 듯 답답했다. 눈물 흘리는 모습을 눈치챈 여동생이 실망을 할까 봐 싱긋 웃어 보였다.

"이것이 우리의 운명이라면, 힘들지만 받아들이는 수밖에 없잖

아. 지금 이 순간이 최악의 시간이라면 앞으로 다가올 모든 순간은 지금보다 희망적이지 않겠어?"

8촌 숙부 집에 도착했을 때, 경상은 숙부가 엄청난 부자 농사꾼이라는 사실을 알았다. 종숙부 익상 어른의 집보다 농사일이 훨씬 많았고 살림살이가 넉넉해 보였다. 그러나 괜찮은 첫인상은 늘 실망을 주는 법. 부유한 집안처럼 보이는 그곳에서 경상 남매는 혹독한 시련의 날들을 맞이해야 했다.

문제는 숙모였다. 숙모는 고아 신세가 된 경상 남매가 자기 집으로 들어온 것을 매우 못마땅해했다. 숙모는 이기적인데다가 편견에 사로잡혀 있었고 속이 좁았다. 그런 성격 때문에 속내를 감추지 못하고 그때그때 드러내기까지 했다. 자신의 행동이 아직 어린 경상 남매의 가슴에 상처가 될 것이라는 사실을 헤아리지 못했다.

"왜 저런 고아를 우리 집에 보내서 살림을 축나게 하는지 모르겠다. 그렇다고 내 손으로 쫓아낼 수도 없고……."

경상은 숙모의 마음을 알고 나자 몹시 괴로웠다. 얼굴 앞에서 대놓고 불만을 터뜨리는 소리를 듣기도 했지만 경상이 하는 일에 사사건건 시비를 걸면서 괴롭혔다. 새벽녘에 일어나 마당을 쓸고 거름을 져 날라도 칭찬은커녕 트집만 잡았다. 마당을 쓸 때는 미리 물을 뿌리지 않아 먼지가 날린다며 나무랐다. 외양간에서 거름을 나르다가 우물가에 놓여 있던 빨랫대야에 떨어뜨린 일 때문에 종아리에서 피가 날 만큼 회초리를 맞기도 했다.

겨울이 오자 숙모는 자식들에게 두툼한 솜바지를 입혔지만 경상 남매에게는 갈댓잎을 넣어 만든 바지를 입혔다. 갈댓잎으로 만든 옷은 찬 바람을 막지 못해 입으나마나였다. 게다가 바지 안감은 못 쓰게 된 낡은 천을 누벼서 만든 바람에 얼마 못 가 해어졌다. 안감 이 해어지자 속에 넣은 갈댓잎이 삐죽삐죽 나와 살갗을 찔렀다. 이 때문에 언 살이 터져 고통스러웠다.

경상은 영하의 날씨에 오들오들 떨면서도 불평하지 않았다. 따뜻한 온돌방에서 잠잘 수 있게 해 주는 것만으로도 고맙다는 생각을 했다. 경상은 숙부 집에서 살면서도 머슴보다 더한 고된 노동을 하면서 밥벌이는 충분히 했다. 또 틈이 날 때마다 열다섯 살 때까지 다녔던 경주 서악서원에서 접했던 많은 책을 잊지 않고 읽었다.

경상은 숙모의 편견과 학대로 몸은 고단했지만 그렇다고 정신적으로 피폐하지는 않았다. 아직 소년이기는 했지만 소년 같지 않게 속이 깊었다. 마을 사람들은 그런 경상을 칭찬했다.

"경상이 이 집안의 큰 일꾼이군요. 힘도 세지, 성실하지, 어디서 저런 복덩이가 굴러 온 겁니까? 제아무리 큰돈을 주고 머슴을 산다 해도 경상이보다는 못할 거요. 일찍 부모가 돌아가셔서 고아가 된 처지라지만, 그런 친척이 아무에게나 있는 것은 아니지요. 아무튼 부럽소!"

경상이 동네 사람들에게 칭찬을 들을 때마다 숙모는 더욱 속이 탔다. 속 깊고 일 잘하는 경상을 자랑스럽게 여기기는커녕 자기 자식들과 비교하면서 질투심까지 느끼는 듯했다. 그런 질투심은 숙모만이 가진 게 아니었다. 숙모의 자식들도 경상을 못마땅하게 여기기는 마찬가지였다. 결국 그 같은 시기와 질투, 미움이 한꺼번에 폭발하는 예기치 못한 사건이 터지고 말았다. 경상은 그때까지 겪어 보지 못했던 사건으로 충격에 빠져 오랫동안 식음을 중단할 정도였다.

경상이 경주에서 포항 신광에 있는 숙부 집으로 온 지 한 해가 지난 어느 봄날이었다. 농번기를 앞두고 밭을 갈기 위해 소를 몰고 들판으로 나가 온종일 쟁기질을 하고 돌아올 때였다. 겨우내 딱딱해진 밭을 갈아엎느라 소와 경상 모두 지쳐 있었다. 경상의 허기진 배에서 꼬르륵꼬르륵 물 흐르는 소리가 났다. 소 역시 제대로 먹지도 못하고 종일 쟁기를 끄는 바람에 걸음걸이가 비틀거렸다. 경상은 빨리 집으로 돌아가 소에게 여물을 먹여 기운을 차리도록 해야 한다는 생각에 걸음이 빨라졌다. 자신이 배고픈 것은 참으면 되지만 짐승은 참을성이 없어 배가 고프면 쓰러지거나 포악해지기 때문이었다.

들판을 지나 마을 어귀에 다다랐을 때, 숙모의 큰아들이 불쑥 나타나 앞을 가로막았다.

"이놈의 소 새끼는 밥만 축내지 일도 못하니까 우리가 잡아먹어야 해!"

큰아들은 다짜고짜 손에 쥔 대나무로 소의 등과 머리를 마구 때리기 시작했다. 놀란 소가 "음매" 하며 소리를 질렀다. 소가 뒷걸음질을 쳤다. 그러자 큰아들이 고삐를 나무둥치에 바짝 묶어 소가 도망치지 못하게 했다.

"형! 왜 소를 때리는 거야? 대체 소가 무슨 잘못을 했다고 소를 때려요!"

경상이 화를 냈지만 큰아들은 못 들은 척했다. 오히려 소를 때리는 손짓이 더욱 과격해졌다. 큰아들은 경상의 힘이 누구도 당하지 못할 만큼 세다는 사실을 잘 알기 때문에 시비를 걸지 못하고 애매한 소만 괴롭히는 것이었다.

"죽어라! 일도 못하고 밥만 축내는 소야! 내 손에 맞아 죽어라!"

놀란 소가 눈을 부릅뜨며 어쩔 줄 모르고 서 있는 경상을 쳐다보았다. 소의 입에서 흰 거품이 흘러나오고 있었다. 소는 자신을 아끼는 경상을 향해 제발 어떻게 해 달라고 애원하는 눈빛이었다. 경상이 참다못해 큰아들의 손에 들린 대나무를 빼앗으려 했지만, 큰아들은 그럴수록 더욱 약이 올라 소를 마구 때렸다.

"넌 참견 마! 이 소는 우리 집 거니까, 네가 이래라저래라 말할 자격도 없어. 머슴 주제에 뭐가 잘났다고……."

경상은 찢어질 듯 마음이 아팠다. 소가 맞는 매가 마치 자신에게 가해지는 것 같았다. 경상은 그래도 소가 잘 견뎌 낼 것이라 믿었다. 그까짓 대나무 매쯤이야, 하고 소를 믿었는데 갑자기 눈을 뒤집으며 쓰러지는 것이다. 땅바닥에 넘어진 소가 하늘을 향해 다리를 뻗은 채 부들부들 떨었다. 소의 입에서 허연 거품이 꾸역꾸역 쏟아져 나오고 있었다.

큰아들이 소가 경련을 일으키며 넘어져 곧 숨이 끊어질 듯하자 손에 들린 대나무를 내던지고 도망쳤다. 어찌나 세게 팼는지 대나무가 너덜너덜 해어졌다. 소는 "음매" 하고 힘겨운 울음을 내뱉었다. 눈에서 눈물이 흘러내렸다. 온종일 여물 한번 실컷 먹지 못하고 쟁기질을 한 소는 쓰러질 만큼 기진맥진해 있었다. 그런 소를 향해 갑자기 달려들어 두들겨 패면서 "죽어라!" 하고 호통을 치는 큰아들의 광기에 놀라 쓰러진 것이었다.

"죽으면 안 돼! 죽지 마!"

쓰러진 소는 다시 일어서지 못했다.

얼마 후 숙부와 동네 어른들이 달려왔지만 속수무책이었다. 쓰러진 소는 온몸을 떨기만 할 뿐 물도 마시지 않았다. 망태에 여물을 담아 와서 내밀었지만 입을 열지 않았다. 몹시 배가 고플 텐데도 꾹 닫은 입에서 침과 거품만 줄줄 흘러내렸다. 소는 예기치 못한 폭력에 놀란 데다가 종일 일을 하고 나서 거의 탈진 상태가 되었다. 이

옥고 소는 합병증을 보이며 시름시름 죽어 갔다. 경상은 밤이슬이 내리도록 소 곁에서 꼼짝하지 않았다. 숙부가 집으로 돌아가라고 했지만 소를 두고 그냥 갈 수 없었다. 동네 어른들은 저러다 밤사이 깨어날 수도 있다며 지켜보자고 했다. 그러나 동네 어른들의 긍정적인 기대는 허사로 끝났다. 소는 밤이 이슥해 찬 기운이 떠돌기 시작할 무렵 온몸을 심하게 떨더니 그만 죽고 말았다.

경상은 이때 받은 충격으로 며칠을 앓았다. 소처럼 죽어 버리고 싶었다. 곡기를 끊고 버티다 보면 소처럼 죽을 수 있다는 생각에 밥도 먹지 않았다. 그러나 마음을 더욱 아프게 만든 말은 소가 죽은 건 경상 때문이라는 억지였다. 숙모와 큰아들은 멀쩡하던 소가 죽은 까닭은 경상이 그날 먹이를 잘못 줬기 때문이라고 주장했다.

"경상이 우리 집을 샘해서 나쁜 마음을 먹고 소에게 독초를 먹인 게 분명해요! 안 그러면 그렇게 쉽게 죽을 수가 없어요!"

숙모는 숙부에게 생떼를 쓰며 경상을 쫓아내야 한다고 일렀다. 하지만 숙부는 입을 꾹 다문 채 대꾸하지 않았다.

소의 죽음을 경상에게 뒤집어씌운 숙모는 하루 한 끼만 먹어야 한다며 윽박질렀다. 집에서 쫓아내려고 했으나 실패로 끝나자 밥을 굶기는 벌을 준 것이다.

경상은 숙모의 학대로 인해 수난이 끊이지 않았으나 참았다. 참고 견디는 것 말고 다른 길이 없었다. 지금 이 집 대문을 나선다면,

영락없는 거지 신세가 될 것이었다. 동냥을 하며 거리를 떠도는 것보다는 그래도 숙부 집이 나았다.

신광 숙부 집으로 온 지 2년이 지나 경상은 열일곱 살이 되었다. 열일곱 살이 되자 경상은 청년티가 물씬 풍겼다. 키가 한 뼘 이상 훌쩍 자랐고, 체격이 몰라보게 커졌다. 벌써 턱과 구레나룻에 거뭇거뭇한 수염이 솜털처럼 일어나 있었다. 경상은 이제 어린애도 사춘기 소년도 아니었다. 혼자서도 무슨 일이든 해낼 수 있는 건장한 청년이었다.

일찍이 부모를 잃은 고아면서도 주눅 들지 않고, 당당한 모습으로 숙부의 집에서 머슴 노릇을 하던 경상에게 기회가 찾아온 것은 열일곱 살 되던 해 가을이었다. 신광 마을 안쪽의 깊은 계곡에 자리한 제지 공장에 일자리를 얻게 됐다. 평소 경상을 지켜봐 오던 동네 어른이 제지 공장에 소개해 준 것이다.

경상이 제지 공장에 도착했을 때는 한창 한지를 만들던 늦가을 오전이었다. 신광면 서쪽에 자리한 기일 마을이었다. 이 마을은 비학산 자락에 잇대어 있는 전형적인 산골로 계곡마다 한지의 원료가 되는 닥나무가 무성했다. 마을 복판으로 흘러내리는 하천의 수량도 풍부했다. 이 하천을 중심으로 곳곳에 제지 공장이 즐비했다. 집집이 열 평 남짓한 창고를 지어 그곳에서 닥나무 껍질을 벗겨 삶아 낸 뒤 우려내 고운 한지를 만들었다. 해마다 가을이 오면 기일 마을은 한지를 생산하느라 온 동네가 떠들썩했다.

경상은 공장노동자로 일자리를 얻자마자 종이 만드는 일에 매료됐다. 검은 닥나무 껍질에서 눈부시도록 흰 종이가 만들어지는 것이 신기했다. 무엇보다도 검고 흉한, 보잘것없는 나무껍질이 귀한 종이가 되어 새로 태어나는 과정이 마음을 사로잡았다.

'누구든지 지금의 험난한 고통도 새로운 희망으로 바뀔 수가 있다는 좋은 증거로군.'

경상은 신이 났다. 나무껍질을 벗기는 일부터 아궁이에 장작불을 지펴 가마솥에 닥나무 껍질을 삶는 일까지 모두 신명 났다. 나무껍질이 푹 삶긴 뒤 물에 부풀려 회색 이물질을 걸러 내고, 건조돼 바짝 마르면 희디흰 고급 한지로 탄생하는 과정이 그에게는 '희망'처럼 다가왔다.

'차별 없는 세상, 생명을 귀히 여기는 세상, 사람이 모두 하늘처럼 존중받는 세상이 바로 종이 속에 있구나!'

경상은 종이를 만들면서부터 더욱더 마음속으로 각오를 다졌다. 비록 지금은 숙부 집에서 머슴처럼 살면서, 제지 공장 노동자로 일하고 입에 풀칠을 하고 있지만, 언젠가는 모두가 평등하게 사는 세상을 만들리라는 다짐을 했다.

경상에게 비로소 독립할 수 있는 기회가 찾아왔다. 기일 마을 제지 공장에서 일한 지 2년이 흘러 경상의 나이 열아홉 살이 되었을 때였다. 이미 성인이 된 그는 그동안 모은 돈으로 안정된 생계를 꾸릴 수 있게 됐다. 경상은 신광 숙부 집에 있던 여동생을 데려와 함께 살았다. 무엇보다 그의 종이 만드는 솜씨가 뛰어나 인근의 흥해나 청하, 영덕은 물론 경주와 영천, 대구까지도 거래처가 생겼다. 가을에 한지를 생산해 겨우내 거래처에 한지를 배달해 주고 대금을 받아 오는 일로 살림도 점점 윤택해져 갔다.

나이가 차자 경상을 장가보내겠다는 이웃이 생겨났다. 경상의 풍모가 당시 산골 마을에서는 보기 드물게 훤칠한 데다가 성실함과 재능이 뛰어나서 탐낼 만도 했다.

첫 번째 청혼이 들어온 것은 경상의 나이 열아홉 살 되던 1845년 이른 봄이었다. 인근 흥해에 사는 과부였다. 시집오자마자 곧바로 남편이 급사해 버려 청상과부가 된 운명이 박한 오씨 부인이었다. 그 과부는 많은 재산을 가지고 있었다. 그러나 경상은 어리고 돈 많은 과부와 사는 것은 이치에 맞지 않다고 생각했다.

"남의 재물로 졸부가 되는 것은 경사스럽지 못한 일입니다. 무슨 일이든 이치가 맞아야 하듯이 부부의 인연도 이치대로 가야 합니다."

보통 사람 같았으면 젊고 돈 많은 과부를 얻어 일생을 편히 살려고 했을 것이다. 열아홉 살이 되도록 찢어지게 가난하게 살아오며 머슴 신세로 친척에게까지 괄시를 당해 온 그도 부자가 되고 싶었을 것이다. 어리고 돈 많은 과부야말로 손쉽게 부자로 변신하는 지름길이기도 했다.

경상은 그런 방식으로 부부의 인연이 맺어지는 것을 단박에 뿌리쳤다. 남의 재물로 졸부가 되는 것은 이치에 맞지 않는다고 보았다. 가난하더라도 스스로 자립하는 것이 순리라고 믿었다. 그리하여 청상과부 오씨 부인과의 혼사는 이뤄지지 않았다.

경상은 그해 가을 동네 주민의 중매로 흥해 매곡리에 사는 평범한 농부의 딸인 밀양 손씨와 결혼했다. 결혼한 경상은 봄부터 여름까지 땀 흘려 농사를 짓고 가을이면 제지 공장에서 종이를 만들어 생계를 이어 갔다.

경상은 결혼을 하고 나서부터 서서히 안정을 찾았다. 평범한 산골 농부로 살았다. 경주 용담의 수운 최제우를 만나기까지 경상은 성실한 농부일 뿐이었다.

경상과 그의 집 그리고 마을은 안온한 나날이었지만 바깥세상은 몹시 어수선했다. 경북 동해안에 접한 산골 마을에까지 격랑의 파도가 직접 밀려오지는 않았지만 소문은 오가는 상인들과 객지를 다녀온 사람들의 입을 타고 전해졌다.

경상은 문득 자신이 태어난 경주를 생각했다. 가난하고 고립된 변방이었다. 서울에서 340킬로미터나 떨어진 쓸쓸한 외곽이었다. 경상은 가끔 경주에 들를 때마다, 세상의 끝까지 달려와서는 넋을 잃고 조용히 숨을 내쉬는 노인의 주름진 가슴팍 같다는 생각을 했다. 세상은 어두웠다. 사람들은 빛을 찾아 헤맸다. 온통 불안했다. 최경상 역시 평범해 보이는 겉모습과는 달리 마음 깊은 곳은 알 수 없는 의문과 미래에 대한 궁금함으로 초조했다.

그즈음 서양의 낯선 외국인들이 놀라운 무기를 들고 쳐들어온다는 소문이 흉흉했다. 관리들의 수탈과 횡포는 점점 심해졌다. 흉년이 이어졌다. 먹을 것을 찾아 집을 나서는 사람들이 늘어났다. 굶어 죽는 사람도 있었다. 나라가 곧 망한다는 소문이 떠돌았다.

1846년 봄, 일식이 일어나 대낮에 해가 사라져 캄캄해지자 백성들이 두려움에 떨었다. 청천강 유역에서는 홍수가 발생해 4000여 농가가 잠겼는가 하면 농민 500여 명이 물에 떠내려가 죽었다.

한지를 만들어 경주 읍성에 내다 팔아 생계를 이어가던 경상의 가슴속에 알 수 없는 불꽃이 일렁였다. 빨갛게 피어오르고 있는 불꽃은 '평등'과 '생명'이었다. 불안한 사회와 칠흑 같은 현실을 헤쳐 나갈 무기이기도 했다.

경상은 그로부터 16년 후 경주 용담에 성인(聖人)이 났다는 소문을 듣고, 그를 찾아 집을 나서기까지 묵묵히 농사를 지었다. 닥나무를 베어 종이를 만들었다. 밤에는 묵상을 하고 글을 읽었다. 가슴속에 한 덩어리 뜨거운 불기둥이 타고 있었지만 섣불리 드러내지 않았다. 바깥세상의 어수선한 흉문도 애써 외면했다. 산촌에 은거하며 가슴에 일렁이는 꿈을 잠재우고 있었다.

경상이 수운 최제우의 소문을 들은 것은 1861년 봄이었다. 경상은 어린 나이에 아버지를 잃었을 때 자신을 친자식처럼 돌봐 준 종숙부 최익상의 집을 자주 왕래했다. 경상에게 종숙부는 생명의 은인과도 같았다. 그가 아니었다면 어린 경상은 길거리로 내쫓겨 거

지가 되었을 것이다. 그런 인연으로 경상은 신광에서 경주 읍내까지 한지를 배달하기 위해 나올 때면 꼭 종숙부 집에 들러 안부를 전하고 귀한 한지를 선물했다.

하루는 최익상이 자기 집에 들른 경상과 차를 마시며 집안 내력에 대해 이야기를 나누었다. 경상은 영남 일대 대문장가로 명성을 떨쳤던 근암공 최옥이 누구인지 궁금했다. 종숙부는 그가 경주 북쪽에 자리한 현곡면 가정리에 살던 종친으로 신라 말 대석학인 최치원의 후손이라고 일러 주었다. 경상 역시 최치원의 후손이었다. 경상은 몹시 흐뭇했다. 그런데 더 놀라운 것은 그때 경주 인근에 소문이 파다하게 나돌던 '성인'이 바로 가정리 용담정에 칩거하고 있다는 것과 그가 바로 근암공 최옥의 아들 수운 최제우라는 사실이었다.

"아니! 경주 용담에서 났다는 성인이 우리 경주 최가 문중이란 말입니까? 그, 그분이 근암공 최옥 어르신의 자제라고요?"

"이 사람아! 내가 왜 거짓말을 하겠나. 우리 가문의 후예라네. 그러나 그리 좋은 소식만은 아닐세. 선비들은 말할 것도 없고 사대부 집안에서는 동학을 몹시 경계하는 눈치더구먼. 수운이라는 사람이 이적을 보이며 혹세무민하는 것으로 깔보고 있다네."

"종숙부께서도 그리 보시는가요? 그 수운이라는 성인이 그저 사술을 부리는 도인인가요?"

"뭐, 나야 잘 모르지만……. 그 사람이 손을 대기만 하면 병이 낫고, 그 앞에서는 귀천이 없고, 하늘처럼 모두가 평등하다더군."

"성인이 난 것이 맞는군요? 소문이 사실이로군요!"

경상은 들떠서 물었다. 그가 애타게 찾던 물음에 대답해 줄 사람이 분명했다. 경상은 수운을 만나야겠다는 결심을 굳혔다. 답답한 그의 가슴을 뚫어 줄 수 있을 것이라 믿었다.

경주 북쪽에 자리한 현곡면 가정리에 있는 용담정으로 수운을 찾아간 것은 1861년 6월, 경상의 나이 서른다섯 살 때였다. 운명적인 수운과 경상의 만남이 경상의 인생을 완전히 바꿔 놓을 줄은 그 자신조차 꿈에도 몰랐다.

수운은 신광에서 찾아온 30대의 젊은 농부 최경상을 반겼다. 경상은 기골이 장대하고 구레나룻이 무성했으며 눈이 맑게 빛났다. 수운은 경상도 곳곳에서 소문을 듣고 찾아오는 사람들이 많았지만 경상처럼 진솔하면서도 심지가 굳은 인상을 지닌 자는 만나지 못했다.

경상 역시 수운을 보는 순간, 풍모와 위엄에 놀랐다. 한지를 만들고 배달하면서 양반집의 숱한 선비들을 만나 보았지만 수운 같은 인물을 보지는 못했다. 그의 문하에 들어가 공부하면 이치가 풀릴지도 모르겠다는 생각이 들었다. 경상의 내면에 가득 차 있던 의문은 차별의 근원은 어디에서 오느냐 하는 것이다. 또 하나의 고민은 인간이 저마다 주체성을 지닐 수 없는 현실의 제도였다. 그중에서 그를 가장 고통스럽게 한 것은 '삶의 고통이 어디서 온 것이며 고통을 넘어설 수 있는 길이 어디에 있는가?' 하는 것이다.

수운은 일찍이 고아가 되어 친척 집을 떠돌며 멸시와 천대와 수난을 받고 자라 온 경상의 마음에 뿌리 깊게 박혀 있던 불평등의 의문을 풀어 주었다. 경상에게는 35년 동안 막혀 있던 체증이 한꺼번에 내려간 일대 사건이기도 했다. 경상의 개인적인 문제 해결에 그친 것이 아니라 백성들의 고통을 덜어 주고 새로운 자유와 평등과 생명의 세상을 만드는 길까지 볼 수 있게 했다. 내면의 혁명이었고 생활의 혁명이었다. 해월은 수운에게서 답답한 마음을 열어 낼 수 있는 길이 있을 것이라는 믿음이 생겼다.

"선생님의 제자가 되겠습니다!"

경상은 첫 만남에서 무릎을 꿇었다. 그리고 제자가 되는 입도식을 올렸다. 경상은 수운과의 첫 만남에서 확신과 믿음을 가지게 됐지만 아이러니하게도 가시밭길을 걷는 고난의 행군이 시작됐다.

경상은 철저한 수행을 시작했다. 피나는 수련으로 마음을 비워 나갔다. 2년 후 경상의 나이 서른일곱 살 되던 해 수운으로부터 '북접주인(北接主人)'이라는 중책을 맡았다. 수운은 이때 경상에게 '해월(海月)'이라는 호를 지어 주었다. 1863년 9월 5일 여름이 가고 초가을 바람이 불던 때였다.

이때 왕실과 중앙정부에서는 동학이 혹세무민하는 사술이라고 규정했다. 무엇보다도 교주인 수운 최제우가 후천개벽을 주장하며 유교 이념과 체제를 부정하는 것에 위협을 느끼고 있었다.

철종은 민심이 흉흉해지고 전국 곳곳에서 민란이 끊이지 않자 몹시 초조했다. 게다가 천주교인의 숫자가 급증해 2만 명을 넘어서고 있다는 보고에 놀랐다. 경주에서 시작된 동학도 창도된 지 불과 4년밖에 안 됐는데도 따르는 무리가 5000명을 넘었다.

이해 4월에 또다시 일식이 일어났다. 6월과 8월에 황해도와 함경도에 잇따라 홍수가 발생해 가옥 수천 채가 떠내려가고 많은 농민들이 물에 휩쓸려 죽었다. 서울에서는 삼베를 취급하던 포전과 종이 가게, 목화를 사고팔던 면자전 등에 잇따라 큰불이 났다. 민심이 흉흉했다.

잠시 쉬는 바람

1864년 여름은 유난히 더웠다.

해월은 지난 4월 대구 성을 빠져나와 관군의 추적을 피해 평해에 있는 황주일 집으로 숨어든 뒤 이곳에서 지친 몸과 마음을 달랬다. 제자들이 신광에 있던 해월의 가족을 무사히 데려온 것이 그나마 다행이었다.

해월은 그 와중에도 스승 수운의 사모 박씨 부인과 두 아들 세정과 세청을 보호하기 위해 최선을 다했다. 경주 용담정에 그대로 두었다가는 경주 진영으로부터 어떤 화를 당할지 알 수가 없었다.

해월은 충청도 지역의 몇몇 도인에게 기별을 넣어 스승의 유족을 단양에 있는 민사엽의 집으로 피신시켰다. 얼마 후에는 강원도 정선의 문두재로, 다시 경상도 상주 속리산 동쪽의 동관리로 옮겼다. 스승의 유족을 돌보는 일은 곳곳에 자리 잡고 살던 도인들이 자진해서 나섰기 때문에 가능했다. 그들 모두는 가난한 농부였지만 스승의 유족을 돌보는 일에 정성을 다했다.

해월은 스승의 유족을 피신시키고 나서야 비로소 마음을 놓았다. 스스로도 바깥 활동을 모두 중단했다. 울진군 평해에서 1년여 동안 가족과 함께 숨어 지냈다. 평해는 오지였다. 서쪽으로는 병풍처럼 둘러선 태백산맥에 막혀 있고 반대편은 망망대해였다. 서쪽으로 백암을 지나 첩첩산중을 넘으면 영양군 수비면이었다. 이곳은 주민들조차 혼자서는 환한 대낮에도 산 넘기를 무서워할 정도로 지형이 험준했다. 그와 같은 지리적 여건 때문에 안동과 경주 진영에서조차 손길이 미치지 못하는 경상도 산간 오지였다.

그동안 서울 경복궁에서는 철종에 이어 고종이 새 국왕 자리에 올랐다. 왕권 교체기의 급박한 사정으로 관군의 동학에 대한 탄압이 잠시 주춤했다. 어린 고종을 대신해 아버지인 흥선 대원군이 전면에 부각했다는 소식이 동해안 작은 마을에까지 들려왔다. 안동 김씨의 세도가였던 재상 김좌근은 실각했다. 세상이 급변하고 있었다. 안동 김씨 외척의 막강했던 세도가 막을 내리고 조 대비와 흥선 대원군의 결탁으로 새로운 시대가 열리고 있었다.

해월은 이곳 평해에서 봄과 여름 그리고 가을과 겨울을 보냈다.

농부가 되어 밭을 갈고 풀을 뽑았다. 가을에는 수확을 했고 겨울에는 산에 올라 땔감을 해 날랐다. 검게 그을린 얼굴은 누가 보아도 영락없는 산골 농사꾼이었다. 해월은 풀을 베고 밭을 갈면서 앞으로의 일을 계획했다. 스승 수운이 대구에서 참형을 당한 뒤 각지의 동학도들이 붙잡혀 죽거나 투옥되는 수난을 겪었지만 그의 신념을 꺾을 수는 없었다.

'새로운 세상을 열겠다는 것이 왜 반역이고 사악하다는 것인가? 불안에 떨며 방황하는 백성들에게 평화를 주고 미래에 대한 희망을 주는 것이 왜 혹세무민인가?'

해월은 유년 시절에 겪어야 했던 모진 고생을 떠올렸다. 가진 자들의 횡포에 짓밟히는 서민들의 서러운 하소연이 귓가를 울렸다. 자신이 태어난 경주의 황량한 풍경도 스쳐 갔다.

제지 공장을 운영하며 도란도란 살림을 꾸려 오던 포항의 신광 집도 떠올랐다. 해월은 현재의 삶에 안주하지 않고 새로운 내일을 여는 일에 관심을 갖는다는 이유로, 그리고 동학을 만났다는 이유만으로 자신의 삶이 하루아침에 풍비박산 난 것이 믿기지 않았다. 자신뿐 아니라 동학을 따르던 모든 농민이 졸지에 조선이라는 나라를 해코지하는 역도로 몰린 것도 마찬가지였다. 붙들려서 개죽음을 당하지 않기 위해서는 관군의 추격을 피해 도망쳐야 했다. 아무도 모르는 깊은 산골로 숨어들거나 떠돌이 유랑 생활을 해야 했다. 이 모든 것이 해월에게는 큰 충격이었다.

해월은 평해에 머문 지 1년이 지나자 좀 더 안전한 곳으로 거처를 옮겨야겠다고 생각했다. 해월은 생리적으로 일정한 곳에 장기간 거처하는 것을 피했다. 이런 지혜는 훗날 그에게 하나의 원칙이자 습관이 되었다. 한곳에 안주하지 않고 일정 기간이 되면 거처를 옮기는 습관은 그가 지하에 숨어 장장 30여 년이란 긴 세월 동안 혁명의 불씨를 꺼트리지 않을 수 있었던 비결이 됐다.

1865년 4월 봄. 해월은 평해에 온 지 1년 만에 가족을 데리고 병풍처럼 둘러싸인 서쪽 태백산맥을 넘었다. 평해에 사는 동학도 황주일은 해월이 이곳에 계속 머물기를 간청했다. 해월은 황주일의 손을 잡고 빙그레 웃었다.

"나도 자네와 함께 이곳에 오래 머물고 싶네. 그러나 그럴 수 없는 것이 우리의 처지가 아닌가? 안주는 곧 죽음일세."

황주일은 그 말이 무슨 뜻인지 알지 못했다. 훗날 해월의 혁명 활동이 불꽃을 휘날릴 때에야 비로소 1년 만에 거처를 옮긴 이유를 알았다.

해월은 백두대간 한가운데 솟구쳐 오른 일월산 아래 화전민 마을에 터를 잡았다. 이곳은 영양에서 봉화로 넘어가는 길목이었다. 지명은 용화리 윗대치. 위기에 처했을 때 산자락을 타고 도주하면 누구도 따라올 수 없는 천혜의 요새 같은 곳이었다. 치솟은 산봉우리 사이로 손바닥 같은 하늘이 보였다. 여기가 바로 하늘 지옥, 천옥(天獄)이었다. 해월은 자진해서 지옥으로 들어갔다. 이곳에서 농사를 짓고 짚신을 만들어 생계를 꾸려 갔다.

이해 8월, 폭우가 쏟아지던 어느 날이었다.

상주에 숨어 살던 스승의 사모 박씨 부인과 두 아들 가족을 포함한 10명의 식솔이 해월이 자리를 잡은 용화리로 찾아왔다. 그들 모두 행색이 거지꼴이었다. 빗물에 흠뻑 젖은 모습이 물에 빠진 쥐처럼 궁색하고 초라했다. 굶주림에 지치고 상해 얼굴 광대뼈가 불쑥 드러났고 볼은 홀쭉했다.

이해 여름은 유달리 폭우가 잦았다. 박씨 부인 가족은 해월이 영양군 일월산 아래 용화리에 있다는 소문을 듣고 상주를 떠났다. 해월을 찾아 이 마을 저 마을을 떠돌며 걸식을 하다가 겨우 찾아온 것이었다.

"상주 쪽 도인들의 살림 형편이 너무 나빠 더 이상 신세를 질 수가 없었습니다."

박씨 부인이 해월에게 울음 섞인 목소리로 말했다. 유족을 돌보던 상주 도인들은 원래 가난했다. 흉년이 이어지면서 형편이 점점 나빠져 끼니를 잇기도 어려웠다. 박씨 부인은 강원도 정선으로 거처를 옮기고 얼마 지나지 않아 처음 자신을 돌보았던 충청도 단양 사람 민사엽이 죽었다는 소식을 들었다고 했다.

"그 후 상주 동관리의 남육생 집에 들어가 신세를 지고 있었습니다만……. 제게 딸린 식구가 10명이나 되다 보니 얻어 먹이고 입히는 일이 여간 힘든 것이 아니었답니다. 앞날이 막막해 어찌할 바를 모르고 있을 때 선생께서 이곳에 계신다는 소식을 듣고 무작정 길을 나선 것입니다."

몰골이 형편없는 박씨 부인을 바라보자니 해월의 가슴이 찢어질 듯 아팠다. 해월은 그래도 다행이라 여겼다. 스승의 유족을 무사히 만난 것만 해도 하늘이 도운 것이었다.

해월은 부인 손씨와 상의한 뒤 자신들이 살던 집을 스승의 유족에게 내주었다. 박씨 부인이 한사코 거절했지만 해월은 10명의 식솔이 편하게 거처하도록 했다. 해월은 식구들을 데리고 아랫마을로 내려갔다. 해월은 마음 한쪽에 가시처럼 늘 걸렸던 스승의 유족을 만나고 함께 살게 된 것을 다행으로 여겼다.

여름이 가고 가을이 찾아왔다.

해월은 국왕이 고종으로 바뀌면서 동학에 대한 탄압이 수그러들자 제자 전성문을 데리고 모처럼 외출했다. 짚 모자를 쓰고 등에는 보따리를 둘러멘 영락없는 촌부의 모습이었다. 해월은 안동 이무중의 집을 거쳐 포항 신광리 검곡의 옛집을 찾았다.

마침 스승 수운이 숨진 후, 처음 맞는 생일이 다가오고 있었다. 해월은 전성문을 시켜 인근 청하와 흥해, 장기, 경주 지역 도인들에게 은밀히 소식을 전했다. 신광에 자신이 돌아왔다는 사실을 알리도록 했다. 해월은 이미 스승의 탄신 기념 의례를 자신의 집에서 치르기로 마음먹었다.

스승의 생일인 12월 15일(음력 10월 28일)은 날씨가 몹시 쌀쌀했다. 여름내 잦은 폭우가 내려 냉해를 입히더니 가을도 여느 해보다 빨리 지나갔다. 겨울이 일찍 찾아와 벌써 한겨울처럼 얼음이 얼고 추웠다.

이날 예상치 못한 많은 도인이 신광으로 몰려들었다. 2년 전 폭풍처럼 몰아쳤던 탄압이 언제 있기라도 했었냐는 듯 도인들의 표정은 밝았다. 교졸들의 추격으로 잡혀가 고초를 당하거나 뿔뿔이 흩어져야 했던 동학도들은 그새 온몸을 추스르고 다시 일어서고 있었다.

해월은 신광면 검곡리에 있는 자신의 집으로 찾아든 많은 도인들 앞에 나섰다. 해월이 대중 앞에서 펼친 첫 번째 강론이었다. 해월은 동학의 이름으로 모여 만들어진 공동체가 실천해 나아가야 할 비전과 행동 강령을 전했다.

"사람은 누구나 몸 안에 저마다의 하늘을 모시고 있습니다. 그러니 양반이나 상놈이나 누구를 막론하고 하늘처럼 존귀한 존재입니다. 사람이 하늘인데 양반 따로 있고 상놈 따로 있는 것이 아닙니다. 양반이나 상놈이나 가리지 말고 하늘처럼 대하는 세상을 만드는 것이 우리가 가야 할 길입니다.”

'사람이 곧 하늘'이라는 '인내천(人乃天)'에 관한 첫 강론이었다. 모두들 귀를 의심했다. 조선왕조의 오랜 유교 통치 이념과 정반대의 강론이었다. 검곡에 모여든 사람들의 가슴은 한바탕 눈보라가 뿌려진 것처럼 시원했다. 양반과 상민의 엄격한 신분 차별과 봉건 사회에 길들여진 사람들은 귀천의 차별을 철폐하는 '평등사회'를 신조로 하는 해월의 사상에 환호했다.

해월은 스승 수운이 '사람마다 하늘을 모시고 있다'는 '시천주(侍天主)' 사상을 보다 더 적극적인 주체 사상, '사람이 곧 하늘'이라는 인내천으로 한 단계 끌어올린 것이었다.

해월은 이날 강론을 마치자마자 바로 검곡을 떠났다. 수십 명의 동학도가 한꺼번에 모여든 만큼 경주 진영에 첩보가 들어갔을 것이 분명했다. 수운의 참형 이후 모처럼 상봉한 고향의 도인들과 아쉬운 작별을 한 해월은 제자 전성문과 몇몇 도인을 데리고 밤새 길을 걸었다. 사흘 만에 평해를 거쳐 영양 일월산에 도착해 다시 겨우살이 준비에 들어갔다.

해월은 산에 올라가 겨우내 아궁이를 지필 땔감을 마련했다. 마루 위 추녀에 매달아 놓은 곶감이 유난히 붉었다. 배가 고프면 독에 가득 담아 둔 잘 익은 홍시를 꺼내 먹었다. 새끼에 엮어 놓은 무청이 북향의 그늘진 추녀에 매달려 바람이 불 때마다 사락사락 소리를 냈다. 수수깡을 엮어 만든 통가리에는 고구마가 가득 들어 있었다. 마당 한쪽에 구덩이를 판 뒤 무와 배추를 넣고는 지붕을 이고 흙으로 덮었다. 손이 들어갈 만한 입구는 짚으로 만든 마개를 박아 두었다. 겨우내 식구들이 꺼내 먹을 식량이자 찬거리였다.

일월산의 겨울은 혹독했다. 기온이 영하로 떨어지면서 얼음이 얼고 차가운 골바람이 쉬지 않고 불었다. 눈보라가 한번 몰아치면 바깥출입도 어려웠다. 해월은 산천이 얼어붙은 겨울에는 방에서 새끼를 꼬고 멍석과 짚신을 짰다. 틈이 날 때마다 묵상을 했다. 자신이 처한 현실, 자신이 있는 자리가 곧 혁명의 최전선이라는 신념으로 쉬지 않고 일했다.

해월은 손바닥으로 새끼를 부빌 때마다 쓱쓱 울리는 소리를 들으며 마음을 비웠다. 지푸라기가 서로 부대끼면서 꼬일 때마다 질긴 새끼로 태어나는 것을 보며 백성들의 에너지를 확신했다. 새끼 꼬는 소리는 해월이 앉아 있는 산골 초가집 문지방을 새어 나왔다. 해월의 가족은 긴 겨울을 보내는 동안 마당을 지나 적막한 겨울 산야로 떠나가는 새끼 꼬는 소리를 들어야 했다.

겨울이 지나고 1866년 이듬해, 봄이 오자 소문을 들은 여러 지역의 도인들이 해월을 찾아 이사를 왔다. 숫자가 점점 늘어나 용화리 대치골 일대가 집단촌을 형성할 만큼 가구 수가 늘어났다. 해월과 함께 살겠다며 찾아오는 도인들을 물리칠 수가 없었다. 이때 용화리에 찾아와 해월을 따르며 살았던 제자는 김덕원과 정치겸, 전윤오, 김성진, 백현원, 박황언, 김양언, 황재민, 권성옥, 김성길, 김계악 등이었다.

해월이 일월산에 묻혀 고독과 묵상 그리고 노동으로 하루하루를 보내는 동안 바깥세상은 더욱 혼란스러웠다. 흥선 대원군은 1886년 1월부터 8000여 명이 넘는 천주교인을 무참하게 학살했다. 이때 프랑스 선교사 아홉 명이 함께 죽었다. 프랑스 정부는 8월에 로즈(P. G. Roze) 제독이 이끄는 극동 함대를 출동시켜 강화도를 점령했다. 프랑스 정부의 보복이었다. 이 사건이 전국으로 소문을 타고 전해지면서 백성들은 불안에 떨었다. 서양 군인들이 침략하는 데 따른 두려움이 컸다.

경상도 오지 산골인 영양군 용화리에도 프랑스 함대가 강화도를 침공한 소식이 들려왔다. 왕실은 이 사건을 계기로 천주교는 물론 동학에 대한 탄압을 다시 강화했다.

해월은 지혜로웠다. 세상이 혼돈에 빠지고 관의 지목이 다시 시

작되자 외부 출입을 중단했다. 외부의 침입이 어려운 영양 산골짜기에 은거하면서 낮에는 농사를 짓고 밤에는 묵상과 공부를 하며 자신을 수련했다. 해월은 끊임없이 자신을 비웠다. 나를 버리지 않고는 모두를 구할 수 없다는 절박함이 해월의 가슴을 불태웠다.

이때 영덕에 살던 제자 강수가 박춘서와 함께 해월을 찾아와 힘을 보탰다. 강수는 해월이 대구 성을 빠져나와 탈진한 상태로 숨어들었을 때 보살펴 준 제자였다. 강수는 자신의 집에서 하룻밤을 묵은 뒤 이튿날 날이 밝자마자 길을 떠났던 해월을 잊지 못했다. 해월의 소식이 끊기자 몹시 궁금했다. 애타게 찾던 해월이 이곳 용화리에 있다는 소문을 듣고는 급히 찾아온 것이었다.

영양 일월산 자락의 용화리는 활기를 띠기 시작했다. 전성문에 이어 강수와 박춘수 같은 식견이 높은 인물들이 합세하면서 동학 활동이 새로운 전기를 맞았다. 흐트러진 동학 조직을 복원하고 정비하는 데 심혈을 기울였다. 무엇보다 훗날 동학의 지휘 체계를 이룬 접주제(接主制) 조직의 기반도 이곳에서 닦았다.

바깥세상은 혼미하고 여러 사건이 잇따랐지만 용화리는 평온했다. 오히려 이곳 산골 마을은 사랑과 평화가 넘치는 이상적인 평등 공동체였다. 그러나 그들이 누린 평화는 너무나 짧았다.

2장

끝없는 탄압과 도피

폭풍 속으로

1870년 가을은 단풍이 유난히 붉었다. 아침이면 추수가 끝난 들판에 눈처럼 하얗게 서리가 덮였다. 단풍이 떨어지고 햇살이 점점 옅어졌다. 산 그림자도 짙어갔다.

어느 날 해거름에 영덕군 영해읍에 사는 도인 이인언이 해월을 찾아왔다. 해월과 강수는 예고도 없이 불쑥 나타난 그를 반겼다. 이인언은 해월을 찾아온 이유를 간략하게 전했다.

"저희 고을에 이필제라는 선비가 있는데, 그분이 주인님을 만나고자 합니다. 그래서 제가 기별을 넣으려고 찾아온 것입니다."

이인언은 머뭇거리면서 해월의 사모가 내온 뜨거운 칡차를 천천히 마셨다.

"이필제라는 자가 누구요?"

강수가 물었다. 해월도 처음 듣는 이름이었다.

"계해년에 수운 선생 아래 입도했다고 합니다. 그 후 지리산에 들어가 있다가 나왔다고 합니다. 학식이 있고, 통솔력도 갖춘 사람인데…… 수운 선생께서 억울하게 변을 당했으니 이를 바로잡아야 한다면서 주인님을 뵙고 상의하기를 바라고 있습니다."

"신원(伸寃)운동을 하잔 말이요?"

강수가 놀라 물었다.

"우리 동학도들이 정부를 상대로 수운 선생의 명예를 회복해 달라는 집단 운동을 일으키자는 것 같은데, 제정신으로 하는 말이요? 중앙정부에서는 아직도 틈만 나면 동학을 없애려고 난리인데, 우리가 항거를 한다면 죽음을 자초하는 길이요."

강수의 지적에 이인언이 입을 다물었다. 해월은 묵묵히 듣기만 했다. 눈을 감고 기억을 떠올려 보았지만 계해년에 수운 선생 아래 입도한 사람 가운데 이필제라는 이름은 없었다. 1863년이라면 해월이 수운으로부터 북접주인으로 지명됐고, 그해 겨울에는 관군이 용담정을 급습해 수운을 체포한 때이기도 했다. 수운 곁에서 잠시도 떠난 적이 없는 시기였는데, 이필제라는 인물에 대해서는 아무런 기억이 없었다.

"잘 알았네!"

해월은 고개를 끄덕였다. 더 이상 말을 하지 않았다.

해월은 동해 바닷가 영해에서 험준한 고개를 몇 개나 넘어 먼 길을 찾아온 이인언에게 밥상을 차려 주며 풍족히 먹게 했다. 날이 저물어 되돌아갈 수 없음을 알고 잠자리를 마련해 주었다. 이튿날, 날이 밝아 이인언이 돌아가고 난 뒤 보름쯤 지나서 박군서가 찾아왔다. 그는 이인언이 했던 말과 비슷한 말로 이필제를 만나 볼 것을 건의했다. 해월은 역시 박군서의 말을 듣기만 했다. 다 듣고 나서는 "잘 알았소!" 하고 돌려보냈다.

다음 해 1월, 폭설이 내리던 날 이인언이 다시 찾아왔다. 이인언은 처음 찾아왔을 때와 달리 단호한 표정이었다. 해월을 마주한 채 간곡하게 부탁했다.

"이필제라는 분은 오직 스승님의 억울함을 풀어 주자는 뜻으로 힘을 모으려고 하는 것입니다. 그러기 위해서는 주인님과 계책을 상의하여야 하기 때문에 간청을 올리고 있는 것입니다. 그러니 물리치지 마시고 한번 만나 보시지요!"

해월은 요지부동이었다. 빙긋이 웃으며 "잘 알았네!" 하고 대답할 뿐이었다. 이번에도 아무런 언질을 주지 않았다. 밥을 먹이고 잠을 재운 후 이튿날 돌려보냈다.

해월은 강수와 박춘서를 불러 영해부에서 벌어지고 있는 일에 대해 논의했다. 벌써 세 번째 사람을 보내고 있는 이필제의 저의가 무엇인지 궁금했다. 도대체 이필제가 누구인가? 영해 지역 동학도들의 동조를 이끌어 낼 정도라면 보통 인물은 아니었다. 동학의 도통을 이은 주인은 해월인데, 오히려 동학의 정통성을 지닌 것조차 의심스러운 이필제라는 인물의 의중을 따라 먼 길을 마다하지 않고 찾아와 면담을 요청하는 것도 이해할 수 없는 일이었다. 해월은 고개를 저었다. 수상했다. 강수와 박춘서의 생각도 해월과 같았다.

"미혹되지 않도록 타이르는 수밖에……."

해월은 곁에 쌓아 둔 짚을 집어 손바닥에 넣었다. 쓱! 쓱! 손바닥을 비벼 새끼를 꼬기 시작했다. 승냥이 우는 소리가 밤공기를 흔들었다. 쌓인 눈 때문에 굶주린 것인지 여러 마리가 한꺼번에 울어 댔다. 호롱불이 흔들렸다. 문풍지 떨리는 소리가 유난했다. 스승 수운이 관군에 체포된 날도 이날처럼 몹시 추운 밤이었다. 벌써 7년의 세월이 흘렀다.

1871년 설 명절을 보내고 얼마 지나지 않은 2월 초순 영해 접주인 박하선의 아들 박사헌이 용화리로 찾아왔다. 눈 덮인 태백 준령을 넘어오느라 고생을 했는지 솜바지는 다 젖어 있었다. 눈에 반사된 강한 햇볕에 얼굴이 타서 검었다.

해월은 놀랐다. 박사헌은 이전에 찾아온 이인언, 박군서와는 달랐다. 박사헌의 아버지 박하선은 영해 지역에서 손꼽히는 선비로

송시열의 노론 계열이었다. 사대부 출신으로는 드물게 동학에 입도해 영해 접주가 됐던 인물이었다. 수운이 참형되던 해 영해 지역 유생들이 동학을 따르던 박하선을 고발했다. 감영으로 끌려간 박하선은 혹독한 고문을 당했고, 그 후유증으로 병을 얻어 앓다가 2년 뒤 세상을 떴다. 그렇다 보니 그의 아들 박사헌의 영향력은 영해 지역 도인들 사이에서 차지하는 힘이 클 수밖에 없었다.

해월은 그를 아랫목에 앉혀 언 몸을 녹이도록 했다. 젖은 솜바지에서 김이 솔솔 올라왔다. 박사헌 역시 예상했던 대로 이필제의 이야기를 꺼냈다.

"앞서 세 번씩이나 사람이 다녀갔는데도 아무런 기별이 없어 제가 오게 되었습니다. 주인께서 이필제라는 분을 직접 만나 보시면 거짓됨과 진실함을 한꺼번에 알 수 있을 것이니, 한번 만나 보시는 것이 어떨는지요. 만난 후에 판단하시면 될 것 아닙니까?"

해월이 알기로 박사헌은 돌아간 아버지처럼 진솔한 사람이었다. 이번만큼은 그냥 돌려보내는 것이 미안했다.

"노형은 그 사람과 자주 만났을 터이니 잘 알 것이라 믿소. 앞서 왔던 두 사람은 말은 썩 잘했지만 하나도 미덥지 않았소. 노형은 진실된 사람이니 나를 속이기야 하겠소! 이필제란 자가 도대체 누구요? 진실하게 알려 주시게."

해월의 눈이 반짝 빛났다.

"전들 어찌 사람 속을 다 알겠습니까. 다만 그의 행동과 말을 들어 보면 모두가 옳은 것으로 보이긴 합니다. 하지만 그의 속마음까지는 알 수가 없는 법 아닙니까? 다만 이필제란 분이 스승님의 억울함을 풀어 주어야 한다는 말을 하는데 외면할 수 없었습니다. 그래서 무례한 줄 알지만 이렇게 주인님을 찾아온 것입니다."

박사헌은 간곡하게 말을 맺었다.

해월은 고개를 끄덕였다. 한겨울 추위를 무릅쓰고 찾아온 그의 정성이 마음을 흔들었지만 여전히 신중했다. 그래서 이필제와의 만남을 수락하는 대신 '형편을 보아 가 보도록 하겠다'는 긍정적인 답변을 준 후 돌려보냈다.

3월이 되자 날씨가 풀려 눈이 녹기 시작했다. 아직 추위는 남아 있었지만 햇살은 부드러워졌고 바람도 한결 잦아들었다. 경칩이 막 지난 어느 날 영해에서 도인이 찾아왔다. 다섯 번째였다. 이번에 찾아온 사람은 권일원이었다.

"스승의 원통함을 풀어 주자는 것이므로 주인께서 이필제를 만나 주셔야 그를 대접해 주는 것이 됩니다! 우리 영해 지역 도인들의 뜻이 그러하니 더 이상 거절해서는 안 됩니다!"

권일원은 영해 지역 도인들의 뜻이라는 점을 강조했다.

해월은 벌써 다섯 번째 찾아온 영해 지역 도인들의 뜻을 무시할 수 없어 고민에 빠졌다. 영해 도인들이 이필제와 동조하고 있는 것이 분명했다. 그러니 모르는 척 외면할 수 없었다. 해월은 강수와 박춘수를 불러 이 문제를 어떻게 정리할 것인지 논의했다. 더는 외면할 수 없다는 게 모두의 생각이었다. 해월은 강수와 함께 권일원을 따라 영해로 나가기로 하고 용화리에는 박춘서가 남아 있기로 했다.

해월은 행장을 꾸려 집을 나서면서 이필제란 인물의 진심이 무엇인지 궁금했다. 영해 지역 도인들을 규합하고 스승의 억울함을 풀어 주기 위해 무장봉기를 일으키려 하는 속내에는 과연 무슨 의도가 숨어 있을까. 발걸음이 점점 빨라졌다.

용화리를 출발해 보림재를 넘어 인천과 갈천을 차례로 지나 영해부까지 이르는 길은 40킬로미터였다. 제아무리 빨리 걷는 사람이라 해도 이틀을 걸어야 도달할 수 있는 험한 산길이었다. 더욱이 이곳 산길은 태백산맥이 남북으로 가로놓여 있어 크고 작은 고개만도 헤아릴 수 없을 만큼 많아 평지를 걷는 것과 달랐다.

용화리를 떠난 지 이틀째 되는 날 아침, 해월과 강수는 권일원의 안내를 받아 영해부 남서쪽 창수리 우정골에 있는 박사헌의 집에 도착했다. 경칩이 지나면서 바람이 바뀌어 동풍이 불었다. 영해부 동쪽에서 불어오는 해풍은 일월산 용화리에서 맞던 찬 바람과는 달랐다. 눅눅한 습기가 느껴졌다.

이필제와 마주한 때는 아침밥을 먹고 난 후였다. 이필제는 박사헌의 집에서 서쪽 산속으로 10여 리 떨어진 병풍바위에 머물다가 연락을 받고 내려왔다.

해월은 이필제와의 첫 만남이 자못 긴장됐다. 도대체 어떤 인물이기에 스승 수운의 억울함을 풀어 주는 신원운동을 펼치겠다는 것인지 의아하기도 했다.

"반갑소이다. 우리 영해부의 도인들은 7년 전인 지난 1864년 스승님이 대구에서 왕명에 의해 참형당한 억울함을 씻어 주어야 한다는 데 뜻을 모았소. 오는 4월 29일(음력 3월 10일)이 스승님의 순도기념일 아니요? 이날 영해부를 습격해 성을 함락시키고 중앙정부에 우리의 뜻을 전하기로 했소."

이필제는 자신의 뜻을 당당하게 털어놓았다. 기세가 대단했다. 특히 자신이 다섯 번이나 사람을 보냈는데도 아무런 기별도 주지 않은 해월을 비난하기까지 했다. 그는 모든 계획을 정해 놓고 있었다. 동학의 도통을 이어받은 북접주인 해월에게 일방적으로 참여할 것을 협박하는 모양새였다.

해월은 말을 아꼈다. 경솔하고 다혈질인 그의 주장을 듣기만 했다. 이필제의 말과 행동을 유심히 지켜보았다. 야망이 가득한 데다 어딘지 허황해 보이는 인물이었다. 해월은 그를 보며 조심해야 한다고 생각했다.

"일이란 것은 급하게 서두르면 실패할 뿐이오. 아직 때가 아니라고 보오. 멈추었다가 가을에 가서 치밀하게 일을 도모하는 것이 좋을 듯싶소."

해월은 단번에 거절했다.

"주인은 참 답답하오! 나는 스승님의 원한을 풀고자 이렇게 고군분투하는데 스승님의 도통을 이었다는 주인은 어찌 피하려고만 하는 거요? 여러 말 할 것 없소. 스승께서 순도한 날이 4월 29일이라서 이날로 봉기 날짜를 정했으니 다른 말은 하지 말고 나의 뜻을 따르는 것이 좋겠소!"

이필제는 흥분한 듯 목소리를 높였다. 영해부를 중심으로 한 동해안 일대 도인들의 지지를 받고 있는 것에 자신감을 얻은 듯 일방적이었다.

"안 될 소리요! 도인들을 무참히 희생시킬 수는 없소! 일을 도모하지 말자는 것이 아니라 때를 기다리자는 것이오!"

해월의 목소리가 방 안을 쩌렁쩌렁 울렸다. 해월의 기세가 이필제에게 뒤지지 않았다.

"나의 큰일을 그대가 어찌 막으려고 하는 거요! 그대들이 만일 나의 뜻을 따르지 않는다면 그대들의 목숨은 내 손에 달려 있소! 그러니 번거로운 말은 그만두고 나의 뜻을 따라 주시오."

이필제가 주먹까지 불끈 쥐어 보이며 협박을 했다.

해월은 더 이상 대화를 할 수 없는 상대라는 사실을 알았다. 두말하지 않고 자리에서 일어나 돌아섰다. 산길을 돌아 내려오는 발걸음이 무거웠다.

해월과 강수는 이곳에서 하루 더 묵었다. 이필제를 설득시킬 방도를 찾았지만 도무지 뾰족한 수가 떠오르지 않았다. 이튿날 해월은 강수와 함께 다시 이필제와 마주했다. 이번에는 강수가 먼저 말을 꺼냈다.

"나는 노형의 속을 알 수가 없소이다. 노형은 어째서 동학을 한다는 도인으로서 엄청난 폭거를 꾸미려 하는 거요? 이 일이 얼마나 위험한 짓인지 알고 있소?"

강수가 지혜롭게 이필제의 심중을 떠보았다.

"내가 스승님의 억울함을 풀기 위해 노심초사하는데 그대는 어찌 나를 의심하는 거요! 그대야말로 배도자요! 비겁한 도인 같으니라고!"

이필제가 크게 노해 고함을 지르듯 대꾸했다.

"내가 노형의 고귀한 뜻을 몰라서 하는 소리가 아니오. 다만 봉기가 실패하지 않기 위해서는 깊이 살펴서 결단하는 것이 옳지 않느냐는 것이오. 남자로서 세상일을 도모하는데 단독으로 욕심을 내어 이치를 살피지 않으면 그 폐단이 마지막에 가서 실패를 맛보게 될 것을 염려해서 하는 소리요. 오해는 하지 마시오."

강수가 한발 물러나면서 이필제의 안색을 살폈다. 이필제는 강수의 반론을 듣고는 그 말도 옳다고 생각했는지 노기를 풀고 도움을 청했다.

"노형의 말도 옳기는 하오. 그러나 이미 날짜가 정해졌으니 물러서기도 어렵고 나아가기도 어렵게 됐소. 이왕에 이렇게 됐으니 스승님의 순도일인 4월 29일 억울함을 풀어 드리는 것이 어떻겠소? 일이란 급하게 부딪쳐 때를 놓치지 않아야 하는 법이오."

이필제는 끝까지 고집을 버리지 않았다. 그는 화를 내며 엄포를 놓다가 금방 부드러운 목소리로 애원을 하며 해월의 마음을 끌어들이려고 애를 썼다. 그는 해월의 허락을 받지 않고는 4월 29일 계획해 놓은 영해부 성 공격이 불가능하다는 사실을 잘 알고 있었다. 해월은 수운의 도통을 이어받은 동학의 주인이자 지도자였다. 해월이 각지의 도인들에게 공식적인 봉기령을 내리지 않으면 영해부 성 공격은 영해 지역에 살고 있는 소수 도인들만의 힘으로 일으켜야 했다. 이필제는 그럴 경우 영해부 성을 점거해 보지도 못하고 관군에게 패배할 것이 뻔하다는 사실도 알았다.

해월 역시 끝내 허락하지 않았다.

"도인들의 여론을 충분히 들어 보고 마지막 결정을 하겠소!"

해월은 마지막으로 이필제를 향해 일러 주었다. 그런 뒤 강수와 함께 창수리 우정골에 있는 박사헌의 집에서 나와 울진군 평해로 향했다. 이곳에서 여러 도인을 만나 보았다. 대부분 이필제의 영해부 성 공격에 동조하고 있었다. 스승 수운의 억울한 죽음을 풀어 준다는 명분 때문에 이의를 제기하는 사람은 없었다. 오히려 반대하는 사람이 배도자로 낙인이 찍히거나 오해를 받는 처지였다.

"이필제가 이미 이 지역 도인들의 마음을 사로잡은 것 같습니다. 언변이 좋고 글솜씨까지 뛰어나니 선량한 도인들이 넘어간 것이 분명합니다."

강수가 해월에게 말했다.

"아무래도 수상쩍소. 도인을 동원해 영해부 성을 공격해 점령한다 한들, 스승의 억울함이 어찌 풀어진단 말이오? 동해안 벽지에 있는 작은 부성을 점거한 도인들을 보고 중앙정부가 눈이나 깜짝할 것 같소? 모두의 목숨이 경각에 달렸구려!"

해월이 근심 어린 표정을 지었다.

평해에 사는 농부 황주일의 집을 찾아가 감자로 점심 끼니를 채운 해월은 4월 29일 벌어질 무력 충돌을 막아야 한다고 여겼다. 그러나 그의 힘으로는 이미 역부족이었다. 대세가 기울었다. 스승의 억울함을 풀어 주는 일에 스승의 후계자요, 북접주인인 해월이 반기를 든다면 도인들은 이필제의 말을 따라 해월을 배역자로 몰아세울 것이 분명했다. 겁쟁이라고 놀릴 것이었다. 해월은 지금 영덕과 영해, 울진군 평해 지역에 떠도는 도인들의 감정과 분위기를 읽을 수 있었다. 이성보다는 감정이 앞서 정확한 판단력을 잃어버리고 있었다. 가슴은 아팠지만 말을 아꼈다.

"허락하는 길뿐입니다!"

강수가 눈치 빠르게 말했다.

"허락하지 않으면 나의 도통이 위기에 처할 것이요, 허락하면 우리 도인들의 핏물이 영해부 마당을 적실 터인데……. 어찌하면 좋겠소?"

"철없는 도인들의 희생이 있더라도 선생님의 도통이 흔들려서는 안 됩니다. 주인의 도통이 굳건해야 앞날을 도모할 것 아니겠습니까!"

강수는 이필제의 설득에 속아 봉기를 결의한 도인들보다 동학의 도통을 짊어진 주인 해월의 안전을 걱정했다.

해월은 이튿날 다시 영해부로 내려와 우정골 박사헌을 찾아갔다. 해월은 이필제가 주도하고 있는 4월 29일 스승의 신원운동을 위한 거사를 허락한다고 말했다. 그런 뒤 곧장 길을 떠났다.

영양 일월산 아래 용화리에 도착한 것은 4월 3일이었다. 해월은 곧장 이곳에 들어와 자리를 잡은 도인 이군협과 정치겸, 장성진 등 중견 지도자들을 불렀다. 해월은 이필제의 근본이 의심스럽고 주장하는 내용이 허황하지만 오직 스승 수운의 억울함을 풀어야 한다는 점 때문에 모든 명분에서 우위를 차지하고 있다는 사실을 알았다. 마음이 썩 내키지는 않았지만 이들 중견 지도자들과 4월 29일 있을 영해부 공격에 대한 논의를 했다.

모두의 생각이 해월과 같았다. 일단 스승 수운의 억울함을 풀어주는 신원운동에 동참하는 것이 명분을 얻을 수 있는 길이라는 결론을 내렸다.

해월은 도인들이 모은 돈을 박사헌에게 보냈다. 박사헌은 이 돈을 이필제에게 전달했다. 우정골 박사헌의 집에는 조총과 칼이 준비되어 있었다. 죽창은 우정골 삼거리에 있는 주막 헛간에 미리 숨겨 두었다.

4월 25일부터 각지에서 하나둘씩 모여들기 시작한 도인의 숫자가 500여 명이 넘었다. 참가 지역은 영해, 평해, 울진, 진보, 영양, 안동, 영덕, 청하, 흥해, 연일, 경주, 장기, 울산, 상주, 대구 등지였다. 먼 곳에서 경상도 동해안 바닷가 고을까지 찾아온 도인들은 해월이 보낸 통기문을 읽고 분개해서 찾아온 것이었다.

29일 영해부를 공격하는 데 앞장설 지도부는 이필제를 중심으로 강수, 김낙균, 전인철, 남두병, 박영관 등이었다. 지도부는 만일의 사태에 대비해 동학의 도통을 이어받은 주인 해월을 공격 대오에서 제외하기로 했다. 1871년 4월 29일 오전 우정골에 모여든 동학도들은 대오를 편성했다. 대오는 다음과 같았다.

중군 ─ 전인철(전 장교 출신)

참무사 ─ 장성진

참모 ─ 이군협

세작 ─ 박기준

별무사 ─ 김덕창, 정창학, 한상엽

해가 저물자 우정골에 모인 도인 500여 명이 움직이기 시작했다. 이내 어둠이 찾아왔다. 동학도들은 우정골을 내려와 신기동 삼거리의 주막에 도착해 이곳에 미리 감추어 둔 죽창을 받아 들었다. 일부 포수 출신의 도인들은 조총으로 무장했다. 칼을 쥔 도인들도 눈에 띄었다. 우정골에서 영해부까지는 약 13킬로미터. 주막이 있는 신기동에서부터는 영해 쪽으로 흘러내리는 송천을 따라 들판이 펼쳐져 있었다. 독경산을 내려온 계곡물이 하천을 따라 영해 들판을 지나 고래불과 대진리 바닷속으로 흘러들어 동해에 섞였다.

청명한 날에는 신기동에서도 멀리 동쪽으로 영해부가 보였다. 무장한 도인들은 어둠을 틈타 영해부를 향해 진격했다. 이필제와 강수가 앞장섰다.

도인들이 영해부 성 서문에 도달한 시간은 밤 9시 반경이었다. 그사이 떠오른 반달이 밝았다. 두 시간 여를 달려온 도인들은 땀에 흠뻑 젖어 있었다. 성문은 굳게 닫혀 있었다.

"미리 조치를 취해 놨으니 염려 마십시오!"

세작 박기준이 지도부를 안심시켰다. 박기준은 그동안 몇 차례 영해부 성을 출입하며 일을 꾸며 놓았다. 영해부사 이정의 직속 비서인 이방 신택순을 포섭했다. 이방과 뜻을 같이하는 일부 교졸들도 동학도 쪽으로 마음을 돌린 상태였다.

세작 박기준이 서문 앞에서 휘파람을 길게 불었다. 휘익, 하는 휘파람 소리가 성곽 위를 넘고 나서 잠시 후 인기척이 들렸다. 성문 위 누각에서 성을 지키던 교졸 하나가 고개를 내밀었다가 금방 사라졌다. 지도부는 긴장했다. 이필제의 손바닥에 땀이 고였다. 그 때문에 칼자루가 미끄러졌다.

"이방 신택순이 성문을 열 것입니다!"

세작 박기준이 장담했다.

강수는 만일 이방이 변심을 했다면 동학도들은 꼼짝없이 관군에게 포위돼 죽게 될 것이라는 사실을 알았다. 사방을 둘러보았지만 기척은 없었다. 그사이 높이 떠오른 달빛만이 교교했다. 정적이 감돌았다. 잠시 후 성문이 열렸다. 안에서 나온 이는 이방 신택순이었다. 이필제는 비로소 안도의 숨을 길게 내쉬었다.

"모두 잠들었습니다. 신속하게 움직이십시오!"

신택순이 성문을 활짝 열었다.

"공격! 공격하라!"

이필제가 외쳤다.

500여 명의 동학도들은 일제히 햇불을 밝혔다. 별무사들이 이끄는 다섯의 분대가 각각 흩어져 죽창과 조총, 칼을 쥔 채 성안으로 돌진했다.

성을 지키던 수교(首校) 윤석중과 교졸이 정적을 깨트리는 함성에 깜짝 놀라 발포를 했다. 교졸들이 쏘아 대는 총성이 영해부 성에 메아리쳤다. 몇몇 교졸이 관아 담장 아래 엎드려 동학도를 향해 조총을 쏘아댔다. 맨 앞에서 죽창을 쥐고 진격하던 장기 도인 하나가 총탄에 맞아 고꾸라져 피를 흘리더니 즉사했다. 선봉장인 경주 도인 박동혁도 총에 맞아 쓰러져 이내 숨이 끊겼다. 강수는 선두 공격 대오가 흩어지는 광경을 보고는 앞장섰다. 공격 대오가 다시 전열을 가다듬고 진격을 시작했다. 그때 강수가 옆구리 쪽에 총탄을 맞고 쓰러졌다.

"저놈들을 조준해서 쏴라!"

강수는 옆구리에서 흘러내리는 피를 닦으며 뒤따라온 포수 출신 도인에게 소리쳤다. 별무사 김창덕이 강수의 저고리를 찢어 옆구리 상처를 살폈다. 탄환은 천만다행으로 옆구리에 박히지 않고 스쳐 갔다. 상처에서 피가 흐를 뿐 생명에는 지장이 없었다.

분대별로 동시에 관아 쪽을 향해 총을 집중적으로 발포하자 수교와 교졸들이 도망쳤다. 관아를 장악한 동학도들은 담장 이엉에

불을 질렀다. 동헌으로 진격해 간 한상엽이 이끄는 분대가 잠자리에 깨어 뙤창문 작은 구멍으로 도망치려던 영해부사 이정을 잡았다. 그들이 부사를 끌어내 관아 앞뜰에 꿇어앉혔다.

이필제가 대청에 올랐다. 그의 좌우에 김낙균과 강수가 섰다.

"너는 나라의 신하로 고을을 잘못 다스렸다. 백성을 학대하고 재물을 탐했다. 고을마다 부사에 대한 원성이 자자한 것을 아느냐! 탐관오리인 부사 이정은 의살(義殺)당해 마땅하다!"

이필제가 대뜸 칼을 빼 들어 부사의 목을 쳤다.

곁에 있던 강수가 미처 이필제의 손을 붙들 틈도 없었다. 이정의 목이 땅바닥에 떨어져 굴렀다. 삽시간에 주위가 찬물을 끼얹은 듯 조용해졌다. 이필제는 정의의 칼로 폭정을 일삼은 탐관오리를 처단한 것이라며 모여든 도인들을 안심시켰다.

성을 장악한 동학도들은 소를 잡아 주린 배를 채웠다. 술독을 열어 술을 마시게 했다. 일부 도인들은 횃불을 들고 죽창을 손에 쥔 채 순찰을 돌았다.

이튿날 날이 밝자 이필제는 주민들을 달래기 위해 관아에 있던 공전 300냥을 털어 인근 다섯 군데의 동민들에게 나누어 주었다. 주민 대표들에게는 20냥씩 주었다. 영해부 성은 지난밤 불에 탄 검은 자국과 함께 아직 꺼지지 않은 연기가 피어올랐다. 여기저기 치

열했던 전투 흔적이 남아 있었다.

따뜻한 봄볕이 내리쬐는 낮이 되자 지난밤 어둠 속에서 기세등등했던 도인들이 슬슬 불안해하기 시작했다. 영해부 성을 점거한 도인들의 숫자는 불과 500여 명이었다. 영해부 성이 점거됐다는 연락을 받은 관군이 곧 들이닥칠 것이라는 소문이 떠돌았다. 도인들이 여기저기 모여서 동요하기 시작했다.

강수는 경주 진영과 안동 진영의 관군이 공격해 오면 꼼짝없이 포위돼 죽을 수밖에 없다는 사실을 알았다. 몇 자루의 총과 칼 그리고 죽창이 전부였다. 도인들도 대부분이 농사를 짓는 농부였고 개중에 총을 다룰 줄 아는 사냥꾼이 서너 명 끼어 있을 뿐이었다.

"물러나야 하오!"

강수가 이필제를 설득했다.

"물러나다니? 애써 영해부 성을 점거했는데 이곳을 버리잔 말이요? 다음은 영덕 관아를 공격할 것이요."

"당초 계획했던 것하고는 다르지 않소? 우리가 영해부 성 공격에 동참한 것은 스승 수운의 억울함을 풀어 달라는 것이었는데, 어찌 스승에 대한 언급은 없는 것이오!"

강수가 따지듯 물었다.

이필제는 대답하지 않았다. 오직 다음 목표인 영덕 관아를 공격하는 일에 몰두했다.

도인들도 영해부 성 공격이 당초 기대한 것과 다르다는 것을 눈치챘다. 스승 수운 선생의 억울함을 풀어 달라는 취지로 참가했으나 수운에 대한 언급은 어디에서도 찾을 수가 없었다. 폭력과 잔인한 살인뿐이었다. 성스러운 무장 봉기가 아니라 민란에 불과했다.

정오가 지나면서 영해부 성을 빠져나가는 도인들의 숫자가 급격히 늘어났다. 이필제가 그들을 막기에는 역부족이었다. 이미 이필제의 통솔력이 먹혀들지 않았다. 벌써 안동 진영의 관군 수백 명이 출동해 진보를 지나 창수령을 넘어오고 있다는 소문이 파다하게 퍼졌다.

이필제도 더 이상 버틸 수 없다는 사실을 알았다. 그는 강수와 정치겸, 박영관 등 끝까지 남아 있던 약 50여 명의 도인들과 함께 영해부 성을 빠져나왔다. 서쪽의 태백산맥이 굽이굽이 봉우리와 능선으로 이어져 있는 창수령 쪽으로 피했다. 나머지 도인들도 영해부 성을 빠져나와 서쪽 인아리와 남쪽 웅곡, 북쪽 백석 등으로 뿔뿔이 흩어졌다.

한편 해월은 29일 자정 무렵 영해부에서 달려온 젊은 도인으로부터 영해부 성이 함락됐다는 보고를 들었다. 해월은 혀를 찼다. 동시에 안도의 한숨을 내쉬었다. 무력으로 영해부 성을 점거했다고는 하지만 해월은 차지한 성을 온전히 사수하기란 불가능하다는 사실을 알고 있었다. 곧 경주와 안동 진영의 관군이 들이닥치면 끝장이었다. 말을 달리면 불과 하루 만에 도착할 거리였다. 해월은 수심에 가득 찼다. 순진한 도인들은 날이 밝으면 뿔뿔이 흩어질 것이 분명했다.

해월은 보따리를 꾸렸다. 박사헌의 집을 나섰다. 남아 있던 늙은 도인과 부녀자들이 놀라 물었지만 해월은 입을 열지 않았다. 해월은 이미 영해부를 공격하기 전 강수를 불러 일이 실패로 끝나면 지체 말고 영양 일월산으로 도주할 것을 일러 놓은 뒤였다. 이제 도인들이 영해부를 무력으로 점거하는 데 성공했으니 더 이상 우정골에 머물 이유가 없었다.

"모두들 피난할 준비를 하시게. 어디에 숨든 기도를 게을리하지 말게. 그리고 귀한 목숨을 잘들 보존하시게."

해월은 도인들의 앞날이 걱정돼 발길이 잘 떨어지지 않았다. 불안해하는 도인들의 손을 잡아 주었다.

"하늘은 결코 여러분을 버리지 않을 거예요."

해월이 그들을 위로해 주었다.

해월은 밤새 달빛을 등진 채 산길을 걸었다. 영해부를 점거한 이필제가 머지않아 관군에 쫓겨 용화리로 올 것이라는 사실을 알았다. 해월은 꼬박 이틀을 쉬지 않고 걸어서야 영양 일월산 아래 용화리에 도착했다.

해월은 집에 도착하자마자 도인들을 불러 모았다.

"머지않아 위기가 닥칠 것이오! 모두들 짐을 꾸리고 만일에 대비하시오! 여인들은 밥을 넉넉히 지어 놓고, 남정네들은 경계를 게을리하지 마시오!"

해월은 용화리에서의 평온했던 시절도 이제 그 운이 다했음을 직감했다.

이필제와 강수 일행은 영해부 성을 빠져나와 창수에서 북쪽으로 방향을 틀어 인천리를 지나 보림고개 쪽으로 접어들었다. 인천리에서 하룻밤을 자고 5월 1일 저녁 북으로 태백산맥 줄기가 가로놓인 보림동에 도착했다.

이날 저녁부터 갑자기 비바람이 불기 시작해 밤새 거칠게 비가 내렸다. 강수는 밤잠을 제대로 이루지 못한 채 불안에 떨었다. 언제 관군이 뒤따라와 급습할지 두려웠다. 이튿날도 종일 강풍이 불고 빗줄기가 날렸다. 강풍이 너무 거세 도로 위에 모래와 돌이 날릴 정도였다. 길을 가는 행인이 끊어졌지만 이필제와 강수 일행은 보림동에서 더 지체할 수가 없었다. 후방에 남겨졌던 세작이 돌아와 관군의 추격이 시작됐다는 소식을 전했다. 이필제 일행은 쉬지 않고 해발 650미터의 쉼섬재와 웃재를 넘었다. 3일 오전 흘리령를 넘자 영양군 수비면 기산리 마을이 보였다.

이날 저녁 무렵 이필제와 강수, 정치겸, 박영관이 일월산 용화리에 있는 해월의 집에 도착했다. 처음 도주할 때 50여 명이었던 일행이 험준한 산길을 넘어오는 동안 20명으로 줄어 있었다.

이필제는 초췌한 몰골이었다. 용화리에 도착한 이후로 입을 다물었다. 자신의 무력 봉기가 실패로 끝나자 몹시 실망한 듯했다. 이필제는 영해부 성 점거의 목적이 수운 선생의 억울함을 풀어 주기 위한 것이라고 했던 주장이 퇴색한 데 따른 도인들의 눈총을 의식한 듯 고개를 쳐들지 못했다. 해월은 먼발치에서 이필제의 지친 모습을 보았을 뿐 가까이 가지 않았다.

이틀 밤낮을 제대로 먹지도 자지도 못하고 도주해 오느라 지친 일행은 용화리 도인들이 차려 준 밥을 눈 깜짝할 사이에 비웠다. 도인들은 주린 배를 채우고 나서야 비로소 목숨을 건진 사실에 안도했다. 그러자 갑자기 피로가 밀려들어 눈이 감겼다. 약속이라도 한 듯 모두가 일찍 잠이 들었다. 여기저기서 코 고는 소리와 이 가는 소리가 들렸다.

용화리는 해가 비추는 낮 동안 봄기운이 물씬했지만 해가 지고 난 밤이면 아직 살얼음이 생길 만큼 추웠다. 백두대간의 해발 1219미터 일월산 아래 용화리는 밤낮의 기온차가 커서 5월 초인데도 밤이면 한겨울 같았다. 밤은 길고 차가웠다. 아직 녹지 않은 계곡의 얼음이 달빛을 받아 희게 빛났다. 동네 뒷산 당수나무 위에서 부엉이 우는 소리가 들렸다. 가끔 산속에서 승냥이 소리도 들렸다. 보름달이 휘영청 밝게 떴다.

이튿날 아침.

해월은 눈을 뜨자마자 감나무 가지 사이를 오르락내리락하며 지저귀어야 할 새소리가 뚝 끊긴 것을 알았다. 위기가 닥쳤다는 사실을 직감할 수 있었다. 이부자리를 박차고 다급히 일어나 문틈으로 밖을 살폈다.

"서두르게!"

해월이 옆자리의 강수를 깨웠다.

그때 한 발의 총성이 울려 퍼졌다. 고요한 산간 마을의 하늘을 찢는 총성이 메아리가 되어 계곡 쪽으로 멀어져 갔다. 민가가 있는 산비탈 아래쪽 길가로부터 여러 발의 총성이 연달아 울리기 시작했다. 안동 진영의 긴급 명령을 받은 영양 현감 서중보가 교졸과 포수 등 군사를 이끌고 밤새 일월산 용화리에 도착한 것이다. 영양현에서 용화리까지는 불과 12킬로미터 정도 떨어진 가까운 거리였다. 교졸과 포수가 해월과 강수 등 지도부가 숨어 있는 민가를 향해 발포했다. 마당에 나가 동정을 살피던 도인 몇 명이 총에 맞아 피를 흘리며 쓰러졌다. 교졸들이 칼을 빼어 들고 일제히 진격해 오고 있었다.

"각자 흩어져 피하시오! 산으로 도주하시오!"

해월의 호령이 산채를 쩌렁쩌렁 울렸다.

해월은 강수와 몇 명의 도인을 대동하고 민가를 빠져나왔다. 안채에서는 부인 손씨가 막내딸을 등에 업은 채 도망치고 있었다. 부인을 따라 어린 두 딸이 재빠르게 발걸음을 옮겼다. 아침밥도 거른 도인들이 짚신도 신지 못한 채 뿔뿔이 흩어져 산채 뒤쪽 계곡을 기어올랐다. 지난밤 용화리로 들어온 영해 지역 젊은 도인들은 우왕좌왕했을 뿐 관군에게 대적할 엄두도 내지 못했다. 가지고 있는 무기라고는 고작 한 자루의 총과 칼 그리고 죽창뿐이었다. 도인 가운데 하나가 관군을 향해 총을 쏘다가 오히려 집중사격을 받아 쓰러져 죽었다.

미처 도망치지 못한 도인들 수십 명이 외양간과 뒷간으로 몸을 숨기는가 하면 일부는 관군에게 잡혀 포승줄에 묶였다. 해월과 강수, 김성문 그리고 이필제 등 동학 지도부는 계곡을 따라 쉬지 않고 올라갔다. 뒤처지거나 흩어진 동료들을 추스를 여유조차 없었다. 당장 몸을 피해 목숨을 건져야 했다. 다행히 비탈진 험산이라 관군들은 뒤에서 총만 쏘아 댈 뿐 더 이상 추격해 오지는 못했다.

일월산 중턱쯤에 도달하자 총소리가 멎었다. 해월은 멀리 산 아래 용화리에서 솟아오르는 검은 연기를 보았다. 해월은 가슴이 찢어졌다. 총에 맞았거나 칼에 베어 죽은 사람이 몇 명이나 되는지, 산중으로 숨어들어 목숨을 건진 도인들은 또 몇 명이나 되는지 궁금했다.

"서둘러 산을 넘어야 합니다! 관군이 태백산 길목인 녹동이나 현동 쪽 길목을 차단하기 전에 먼저 도달해야 춘양 쪽으로 탈출할 수 있습니다."

강수가 해월의 소매를 끌어당겼다.

해월의 눈망울이 붉어졌다. 미처 도망쳐 나오지 못한 수십 명의 도인들 얼굴이 눈앞을 가렸다.

이른 아침 용화리에서 한바탕 전투가 끝난 뒤 영해부에서부터 이필제를 추격해 오던 경주 진영의 정예 관군이 보림고개를 넘어 도착했다. 관군이 영양 현감이 이끌고 온 교졸들과 합류했다. 그들은 용화리 산채를 모두 불태우고 대항하던 도인 수십 명을 그 자리에서 칼로 베어 죽였다.

한편 중앙정부는 5월 4일 경상도 동해안 영해부에서 일어난 민란을 보고받았다. 부사 이정의 목이 베이고 성이 불탔다는 급보에 놀란 대원군은 5일, 날이 밝자마자 긴급 각료 회의를 소집했다. 정부는 영해부사에 이정필, 영해부 안핵사(조선 후기 지방에서 일어난 일을 조사하기 위해 중앙에서 파견했던 임시 관직)에 안동부사 박제관, 영덕

현감에 한치림을 각각 임명해 현지에 급파했다.

영해부사가 현지에 부임한 것은 영해부 성이 점령된 지 7일 후인 5월 11일이었다. 동학도들의 민란으로 살벌했던 영해부는 겨우 안정을 되찾았지만 후폭풍이 거세게 불어닥쳤다. 민란에 가담한 주민들에 대한 일제 검거령이 내렸다. 모두 93명의 동학도가 체포돼 그중 45명이 죽었다. 대부분 목이 베이는 처형을 당했거나 심문을 받다가 죽거나 고문을 못 견뎌 자살을 했다. 중형을 받아 멀리 전라도로 유배를 간 사람도 21명이나 됐다. 반면 도주한 지도자급 도인은 29명이었다.

가시밭길

해월은 엄마의 젖꼭지를 문 채 징징대는 막내딸을 바라보았다. 젖을 물려 봤자 나올 리 없었다. 나머지 두 딸도 배가 고프다고 칭얼대면서 엄마의 바짓가랑이를 잡아당겼다.

해월은 춘양에 아내와 세 딸을 남겨 놓았다. 더 이상 험한 산길을 따라나서기가 어려웠다. 부인 손씨는 용화리 대치골에서 함께 도망 나온 나이 든 과부 도인의 친정에 따라가 당분간 기탁하기로 하고 남편 해월과 아쉬운 작별을 했다.

"고생이 이만저만이 아니구려. 정세가 안정되면 다시 찾으러 올 테니 애들과 함께 이곳에 머물도록 하구려."

해월이 부인에게 간곡히 당부했다. 부인 손씨는 땟국에 절고 해진 소매로 눈가에 맺히는 눈물을 닦아 낼 뿐 대답하지 못했다. 목이 메어 말을 할 수가 없었다. 눈망울 가득 철철 넘치는 눈물만 닦아냈다. 품에 안긴 어린 막내가 졸라 대며 징징거렸다. 첫째와 둘째 딸도 엄마의 바짓가랑이를 붙잡고 배고픔에 울었다. 산길을 넘다가 가시에 긁힌 것인지 젊은 아내의 볼 가운데 가느다란 핏자국이 한 줄 그어져 있었다. 부인 손씨는 과부 도인을 따라 농로를 걸어가면서 몇 번이나 뒤돌아보았다.

해월은 15년 전 흥해에 살던 손씨 집안의 딸과 혼례를 올리던 일이 떠올랐다. 아내와 함께 여름에는 농사를 짓고 가을에는 한지를 생산하며 도란도란 살았던 게 마치 엊그제 일 같았다.

해월 일행은 낮에는 관군을 피해 산에 숨어 있다가 어둠이 깔리기 시작하면 움직였다. 희미한 달빛 아래 계곡의 물 흐르는 소리와 능선에서 호랑이 울음소리가 울렸다. 짚신이 다 해어져 맨발이 됐다. 발바닥이 돌부리에 채이고 나무뿌리에 찔려 형편없이 상했다. 솜바지는 나뭇가지에 찢겨 나풀거리고 상투가 풀어져 산발한 망나니 꼴이었다. 이틀을 굶어 뱃가죽이 등에 붙을 지경이었다.

"어디로 가야 됩니까?"

강수가 해월에게 물었다.

해월은 눈을 감았다. 어디로 간단 말인가! 겨우 안정을 되찾았던 영양군 용화리 대치골이 관군의 습격으로 초토화될 줄이야…….
용화리에서 탈출해 온 도인들 가운데 대부분은 춘양에 이르러 각자 흩어졌다. 남은 사람은 해월과 강수, 김성문 그리고 영해부 성무력 점거의 주인공 이필제 네 명뿐이었다. 그들 일행은 주민들의 눈을 피해 낮에는 동네 어귀의 외딴집 헛간에 숨었다.

해월은 문득 스승의 사모 박씨를 떠올렸다. 스승이 참형된 후 부랴부랴 사모 일가를 경상도와 강원도 산간 지역으로 피신시킨 일이 머릿속을 스쳐 갔다. 박씨 부인은 지난여름 용화리 대치골로 해월을 찾아왔다. 용화리에서 안정을 되찾은 뒤 강원도 지역 도인들의 협력을 얻어 새로운 거처를 마련해 다시 떠났다. 이사를 간 곳은 강원도 영월군 중동면 소미원이었다. 사모 박씨 가족이 그곳에 숨어 산다는 소식을 들었다.

영월군 중동면은 춘양에서 40킬로미터 떨어진 산골짜기 마을로 이틀은 걸어야 갈 수 있었다. 스승 수운의 사모, 박씨 부인 가족이 은신해 살고 있는 소미원은 해발 1087미터의 망경대산 남쪽에 자리한 깊은 산속이었다. 관군으로부터 몸을 피해야 하는 해월 일행에게는 좋은 은신처였다.

"소미원에 있는 박씨 사모 댁으로 가세."

해월은 영월에 있는 산간 마을 소미원으로 가 신세를 지기로 마음먹었다.

그들은 밤새 백두대간의 해발 900미터가 넘는 도래기재를 넘었다. 우구치 계곡을 지나올 때는 살쾡이 무리가 따라오며 모래를 뿌려 댔다. 우구치 계곡을 빠져나와 노루목재를 넘자 영월군 하동면이었다. 큰모래재를 넘어 옥동천을 건넜다. 산간 계곡을 흘러내리는 물은 아직 얼음처럼 차가워 발이 깨질 듯 아렸다. 외룡리 골안길을 따라 4킬로미터쯤 걷자 소미원이 나타났다. 동이 트고 있었다.

해월 일행은 동구 밖 상엿집에 몸을 숨겼다. 강수 혼자 동네로 들어갔다. 박씨 부인의 집을 찾는 일은 쉬웠다. 마침 물동이를 이고 우물로 나오던 여인과 마주쳤는데 그가 바로 사모 박씨의 큰며느리였다. 20대 초반의 젊은 부인은 강수를 알아보고는 기겁을 했다. 차림새가 누추하고 검은 땟국에 절은 얼굴과 산발해 늘어진 머리카락이 영락없이 동냥 온 거지꼴이었다. 며느리는 동네 사람들의 눈에 띌까 두려워하며 서둘러 집으로 돌아갔다.

"사모님께서는 평안하신지요?"

강수가 마당에 서서 사모의 안부를 물었다.

"어머님은 영해에서 도인들이 변란을 일으켰다는 소식을 듣고 정선으로 피신을 가고 없습니다."

며느리는 뿌루퉁했다. 동학의 지도부 간부인 강수가 불쑥 찾아온 것을 경계하는 눈치였다. 화가 미칠까 두려웠던 것이다.

"세정, 세청 두 분 형제도 안녕하시지요?"

강수는 스승의 두 아들에 대해서도 궁금해서 물었다.

"두 분 모두 양양에 있는 도인 집으로 피신을 갔습니다. 여기 있다가는 언제 관군이 들이닥쳐 잡아갈 줄 모르니 어쩌겠습니까!"

강수는 발길을 돌려야 했다. 사모도 없고 두 형제도 없는 집에 신세를 질 수도 없었다. 대문을 나서려는데 며느리가 따라 나와 보자기를 건넸다. 쌀에 보리와 조가 섞인 주먹밥이었다.

해월 일행은 상엿집에 숨어 강수가 얻어 온 주먹밥을 나눠 먹었지만 허기를 채우지 못했다. 닷새째 밥 구경을 못한 일행은 주먹밥 한 덩어리가 그나마 고마울 뿐이었다. 나무껍질과 칡뿌리를 캐 먹는 것보다는 훨씬 나았다. 그들은 낮 동안 부족한 잠을 잤다. 공연히 으스스한 상엿집을 들여다볼 주민은 없었다.

어스름이 깔려 오는 저녁 무렵 이필제가 자신의 동지가 살고 있는 단양군 영춘면 가산으로 갈 것을 제의했다. 해월은 선택의 여지가 없었다. 지금은 누구든지 일행을 보호해 줄 사람이 필요했다. 소백산 북쪽 자락의 영춘면까지는 역시 40킬로미터가 넘는 험한 산길이었다.

주먹밥으로 겨우 끼니를 채운 일행은 외룡리를 돌아 나와 와석리를 거쳐 노루목을 지나 베틀재를 넘었다. 소백산맥의 계곡은 깊고 산은 높았다. 막 새순이 오르기 시작한 나뭇가지가 얼키설키 우거져 앞이 잘 보이지 않았다. 밤이 되자 칠흑처럼 캄캄했다. 나무를 꺾어 지팡이를 만들어 앞을 더듬어야 할 정도였다. 강수는 앞에 바위가 있는지도 모르고 걷다가 이마를 찧기도 했다.

새벽 1시가 지나서야 동쪽 하늘 위로 하현달이 떠올랐다. 달빛에 드러난 검은 산봉우리가 동서남북을 첩첩이 에워싸고 있었다. 그 모습이 그들 앞에 놓인 막막한 미래 같기도 했고 기약할 수 없는 운명처럼 보였다. 새벽이슬이 내려 머리와 어깨를 적셨다. 몸이 무거웠다.

동이 틀 무렵 영춘에 도착했다. 가곡면 보발리 산길을 따라 천동을 지나 장림, 사인암을 거쳐 삼가리에 이르렀다. 지칠 대로 지쳐 곧 쓰러질 지경이었다. 영해부에서 후퇴한 이후 줄곧 관군의 추격을 따돌리고 도망치기를 여드레째였다. 덕절산 남쪽에 위치한 가산리 정기현의 집에 도착한 것은 소미원을 떠난 지 하루 반나절 만이었다.

정기현의 집에 도착한 해월 일행은 만일의 사태에 대비해 각자 흩어지기로 했다. 해월은 함께 모여 있다가 관군에게 붙잡히는 날에는 동학의 앞날을 기약할 수 없다고 판단했다. 단양 관아에서는 깊은 산중에 있는 동네까지도 교졸들을 보내 검문검색을 벌였다. 이곳에서도 동학도들을 잡기 위해 혈안이 돼 있었다.

정기현의 주선으로 네 사람은 인근 마을로 각각 흩어지기로 계획했다.

"내일을 위해 어쩔 수 없이 내린 결정이요……. 모두 무사하길 바라오. 오늘의 고난을 잊지 말고 때를 기다립시다."

해월은 강수와 김성문의 손을 붙잡고 작별 인사를 했다. 모두 숙연했다. 필사적으로 도주해 목숨은 겨우 건졌지만 많은 도인이 피를 쏟고 죽어 간 것을 생각하니 가슴이 막혔다.

"주인께서도 부디 건강하게 잘 지내시오."

김성문이 이를 물었다.

해월과 강수 그리고 김성문이 서로의 어깨를 감싸 안았다.

해월은 소백산 자락에 자리한 대강면의 정석현 집으로, 이필제
는 김창화의 집으로, 강수와 김성문은 영춘에 있는 김용권의 집으

로 각각 거처를 옮겨 농사를 지었다. 때마침 농번기가 다가오고 있어 이들은 농사일을 도우며 고용살이를 할 수 있게 됐다. 애초부터 신분을 감춘 터라 부지런히 농사일을 거들고 세끼 밥과 잠자리를 얻는 것에 만족하며 묵묵히 지냈다.

그러나 시련은 멈추지 않았다. 불행은 쉬지 않고 불어 대는 바람처럼 해월을 옥죄어 왔다. 잠시 조용하다가 성난 듯이 들이닥치는 불행이라는 이름의 바람이 해월을 강하게 에워싸고 있었다.

녹음이 짙어 가던 6월 어느 날 한낮. 영춘에 머물고 있던 강수가 불쑥 찾아왔다. 그의 목 주위가 땀에 젖어 미끌미끌거렸다.

"선생님! 이런 고생을 다 하시다니……."

강수가 눈물을 글썽이며 말을 잇지 못했다. 해월은 마침 고구마밭에 뿌릴 분뇨가 담긴 오줌장군을 지게에 짊어지고 마당을 나서려던 차였다.

"강수가 아니요? 기별도 없이 이렇게 찾아오다니. 그런데 무슨 일이라도?"

해월은 순간 불안한 직감으로 발걸음을 멈추었다.

"단양 진영에서 이곳으로 동학 지도부가 숨어들었다는 첩보를 입수했나 봅니다. 교졸들이 벌써부터 관내 마을을 샅샅이 뒤지고 있습니다. 빨리 피신하셔야 합니다!"

강수가 두리번두리번 주위를 살폈다.

해월은 강수가 급히 달려올 정도라면 보통 문제가 아님을 알았다. 지게를 내려놓고는 문간채로 달려갔다. 부인 손씨가 설거지를 하다 말고 젖은 손을 앞치마에 닦으며 부엌에서 나왔다. 해월이 이곳에 도착해 안정을 되찾은 뒤 춘양에 기별을 넣어 세 딸과 함께 데려온 게 불과 보름 전이었다.

"부인! 급히 몸을 피해야겠소. 어찌하겠소! 내 반드시 다시 찾으러 오리다."

해월은 정신이 나간 듯 멍청히 서 있는 부인을 뒤로한 채 강수를 따라나섰다. 가족이 서로 만나 함께 지낸 지 보름 만에 다시 이별해야 하는 자신의 처지가 한탄스러웠다. 그러나 어찌할 도리가 없었다. 해월은 미안한 마음을 감춘 채 걸음을 재촉했다. 김성문이 마을 어귀에서 사방을 경계하며 기다리고 있었다. 그들 세 사람은 험준한 소백산맥 줄기를 따라 올라가 능선을 타고 줄곧 동쪽을 향해 걸었다.

한편 손씨 부인은 해월이 급히 집을 나선지 얼마 지나지 않아 들이닥친 단양 진영의 교졸들에 의해 끌려갔다. 장교가 해월이 도망간 곳을 대라며 추궁했지만 손씨 부인은 알 리가 없었다. 모른다고 대답하는 손씨 부인에게 매질이 가해졌다. 손씨 부인은 혹독한 고문을 당한 후 단양 관아 옥사에 갇히고 말았다.

해월 일행은 이틀 뒤 영월군 중동면 직동에 있는 정진일의 집에

도착해 몸을 숨겼다. 해월은 앞으로 관군의 추격이 뜸해질 것이라 여겼다. 벌써 영해부 사건이 터진 지도 3개월이 지났다. 여름이 지나 가을이 오면 방방곡곡을 들쑤시던 관의 추격도 잠잠해지리라는 희망을 가졌다.

해월의 낙관적인 기대는 물거품처럼 깨지고 말았다. 무더위의 기세가 물러가고 아침저녁으로 서늘한 바람이 불기 시작한 9월 16일. 그동안 소식이 끊어졌던 이필제가 경북 문경에서 관군의 무기고를 습격하다가 체포됐다는 소식이 들려왔다. 이필제는 단양 사람 정기현과 뜻을 함께한 뒤 100여 명의 무장 세력을 모아 초곡리에 있는 문경 진영의 군창을 습격한 것이었다. 이필제는 현장에서 체포됐고 반란군과 관군 사이에 많은 사상자가 발생했다.

이필제는 9월 하순 서울로 끌려가 혹독한 심문을 받고 나서 이듬해 1872년 2월 1일 의금부로부터 능지처사 형을 받았다. 죄인을 먼저 죽인 뒤에 머리와 양팔과 양다리 그리고 몸통을 자르는 극형이었다. 수운의 억울함을 풀겠다는 명분으로 지난해 4월 29일 동학도를 이끌고 영해부 공격을 주도했던 이필제는 결국 서울 무교동 앞길에서 시민들이 지켜보는 가운데 비참한 최후를 맞았다.

이필제가 주도한 문경 진영의 민란은 해월은 물론 동학도들에게 또다시 시련을 불러왔다. 중앙정부는 영해 민란에 이어 문경에서 다시 민란이 일어나자 신경이 날카로워졌다. 이 사건을 계기로 동학도들이 중앙정부에 대해 조직적으로 반란을 꾸미고 있는 것으로 판단했다. 대원군은 동학도들에 대한 소탕령과 더불어 최고 지도자인 해월을 잡아들일 것을 각 진영에 독촉했다. 왕의 전교에 따라 전국의 진영과 관아마다 동학도들을 색출하는 데 혈안이 됐다. 진영마다 세작을 풀어 산간 마을 구석구석까지 감시하고 동정을 살폈다. 낯선 사람이나 수상한 나그네가 나타나면 즉시 신고하도록 했다. 수배자들에게 거액의 포상금까지 내걸었다.

영월군 중동면 직동리도 이필제의 후폭풍을 피하지는 못했다. 아무리 태백산맥을 끼고 있는 깊은 산중이라 해도 주민들의 눈길을 속일 수는 없었다. 해월은 또다시 길을 나서야 했다.

1864년 스승 수운이 대구에서 목이 베였던 날부터 시작된 끊임없는 도주와 배고픔과 불안과 참혹한 고독은 끝날 줄 몰랐다. 해월은 이 같은 고난의 행군이 이후 1894년 동학혁명이 일어날 때까지 무려 30여 년의 긴 세월을 함께할 줄은 까마득히 몰랐다. 아니, 그의 생애 마지막 날까지도 가시밭길 속 피신의 역사로 채워질 운명인 것을 알지 못했다.

다래 먹고 머루 먹고

소백산맥으로 들어가 며칠 굶은 해월 일행은 고통을 견딜 수 없었다. 마침 초가을이라 이런저런 열매를 따 먹어 목숨은 부지했지만 기력이 떨어져 움직이기조차 어려웠다.

해월과 강수가 몰래 찾아간 곳은 영월 소미원의 사모 박씨 집이었다. 지난번 며느리밖에 없어서 그냥 돌아 나왔던 일이 머릿속에 스쳐 갔다.

스승의 두 아들 세정과 세청은 초라한 행색으로 불쑥 나타난 해월과 강수를 알아보고는 안색을 바꾸었다. 반기기는커녕 싫은 내색을 했다. 두 형제는 해월로 인해 자신들에게 화가 미칠 것을 두려워했다. 박씨 부인이 철없는 두 아들 때문에 어쩔 줄 몰라 했지만 아들의 완고한 고집을 꺾지 못했다.

해월은 푸대접을 받고 산중으로 돌아왔다. 강수가 분을 참지 못해 하늘을 올려다보며 소리를 질렀다. 짐승의 울부짖음 같은 강수의 목소리가 승냥이 울음처럼 계곡을 메아리쳤다. 스승 수운의 아들이라는 것을 믿을 수가 없었다. 강수는 야박한 인심을 한탄했다.

산속에 숨어 지내는 사이 10월이 됐다. 갈참나무와 옻나무 잎이 붉게 물들기 시작했다. 밤이 오면 기온이 뚝 떨어져 추위에 떨어야 했다. 그들은 평편한 땅을 골라 초막을 지었다. 다래와 머루, 도토리, 산 사과, 돌배 등 야생 열매를 따 먹으며 끼니를 이어갔다.

10월 중순에 우연히 산중에서 만난 박용걸의 도움으로 죽음을 모면했다. 박용걸은 약초를 캐러 깊은 산골짜기로 들어왔다가 해월과 강수를 만났다. 그는 영월군 중동면 직동리에 사는 농부였다. 인연은 참으로 묘했다. 박용걸은 해월의 말과 행동에 감복했고 이내 매료됐다. 산속에 들어와 심신을 수련하고 있는 해월을 예사롭게 보지 않은 것이었다. 그는 해월과 강수를 자신의 집으로 안내해 추운 겨울을 나도록 해 주었다. 그리고 매일 해월의 짧은 강론을 듣고 영향을 받아 스스로 동학에 입도했다. '사람이 곧 하늘이고 세상의 주체'라는 설법에 크게 감동을 받았다.

해월에 대한 입소문이 영월 너머의 정선까지 퍼졌다. 1월에는 정선군 남면과 동면에 살고 있는 주민들이 백운산 화절령을 넘어 찾아왔다. 사북과 고한 지역의 산간에 사는 가난한 농부와 광부들도 해월을 보고자 찾아왔다.

해월은 숱한 핍박에도 불구하고 강원도 산간 오지에까지 은밀히 전해진 동학의 힘을 피부로 느낄 수 있었다. 산간의 화전민과 농부, 광부에 이르기까지 다양한 백성들이 관군의 눈을 피해 해발 1200미터를 넘는 험준한 화절령을 넘어왔다. 그들은 해월의 강론을 듣고 용기와 희망을 가졌다.

눈보라가 몰아쳤다. 박용걸의 사랑채에 가득 앉아 있는 강원도 정선과 영월 지역 도인은 물론 소문을 듣고 처음 찾아온 주민 모두가 귀를 기울였다. 문설주 너머로 까치 소리가 들려왔다.

"한 사람이 착해짐에 따라 천하가 착해지고, 한 사람이 화목하면 한 집안이 화목해지고, 한 집안이 화목해지면 한 나라가 화목해지고, 한 나라가 화목해지면 천하가 같이 화목하게 됩니다. 그러니 사람을 대하거나 생물을 대할 때도 똑같이 생명을 존중하는 마음으로 존엄하게 대해야 합니다."

해월의 맑은 목소리가 방 안을 정결하게 울렸다. '대인접물(待人接物)'에 대한 강론이었다. 모두 고개를 끄덕였다. 해월은 이어 '우·묵·눌(愚·默·訥)'에 대해 이야기했다.

"무슨 일을 할 때마다 어리석은 것처럼 하고, 말없이 신중하게 하고, 어눌하게 해야 합니다. 이 세 글자를 늘 마음에 새겨 움직여야 합니다."

해월은 강론을 마친 뒤 자리를 떴다. 쫓기고 굶주리며 공포 속에 걸어온 가시밭길이 새삼스럽게 스쳐 갔다. 해월은 스승 수운이 대구에서 참형된 후 참혹했던 내면에 따뜻한 빛이 비치는 느낌을 받았다. 이필제의 영해부 민란으로 좌절했던 그의 마음에 자신감이 움텄다. 차가운 눈보라를 뚫고 찾아온 주민들의 간절한 희망이 무엇인지 알 수 있었다. 그들은 한 치 앞을 내다볼 수 없는 난세 속에서 마음을 기댈 수 있는 따뜻한 둥지를 찾고 있었다. 왕실과 중앙정부의 권위가 추락하고 경제는 파국에 이르고 있었다. 끊일 줄 모르는 재난과 거듭된 흉작에 끼니를 걱정해야 할 지경이었다. 갈피를 잡지 못했다. 이들에게 희망을 심어 주어야 했다.

1872년, 해월은 박용걸의 집에서 설을 보냈다. 설을 지낸 이튿날 정선에 사는 유인상과 신시래라 불리는 두 선비가 찾아왔다. 이 지역에서 학식이 매우 높은 선비였다. 이들이 해월에게 동학에 입도하겠노라며 무릎을 꿇고 앉았다. 강원 지역의 선비들이 하나둘 해월에게 모여들었고 훗날 동학에 큰 힘이 되었다.

해월은 2월 13일 강수를 비롯해 핵심 제자들과 참회 의식을 올렸다. 그동안 나약했던 정신과 흔들렸던 신념을 반성하는 자리였다. 해월은 새로운 출발을 다짐했다.

안정을 되찾은 해월에게 예기치 못한 슬픈 소식이 전해졌다. 소미원의 스승 사모 박씨가 병을 얻어 앓아누워 있다는 소식과 스승의 장남 세정이 양양에서 교졸들에게 체포돼 옥에 갇혔다는 전갈이었다.

해월과 강수가 급히 소미원으로 갔다. 전성문이 이미 소미원에 도착해 있었다. 해월은 서둘러 사모 박씨와 가족을 직동리 박용걸의 집으로 옮겨 와 간호를 했다. 그 후 건강이 회복되자 영춘의 장간지에 집을 장만해 그곳에서 생활하도록 주선했다.

3월이 지나도록 양양으로부터 아무런 소식이 없었다. 4월이 되자 해월은 더 이상 기다릴 수가 없어 둘째 세청을 데리고 직접 양양으로 갔다. 평창 오대산을 넘어야 하는 험하고도 머나먼 산길이었다. 5월 초 양양에 도착한 해월은 세정과 그의 처, 그리고 함께 살던 스승의 둘째 딸 모두가 옥에 갇혀 심문을 받고 있다는 소식을 들었다. 벌써 세 달째 옥에 갇혀 있다는 것이다. 해월은 예감이 좋지 않았다. 그렇지만 손을 쓸 수가 없었다. 5월 중순 아무런 소득도 없이 직동리로 되돌아왔다.

6월 17일 불길한 소식이 전해졌다. 양양 관아의 옥에 갇혀 심문을 받던 세정이 장형(곤장으로 볼기를 치던 형벌)을 받다가 견디지 못하고 죽었다는 비보를 접했다. 박씨 부인은 온종일 통곡했다. 해월과 강수를 비롯한 도인들은 비통한 마음으로 며칠 동안 식음을 끊었다.

시련은 그치지 않았다. 10월 가을이 한창 무르익었을 때 영춘 관아에서 스승의 사모 박씨가 살고 있는 곳을 알아내어 급습하려 한다는 정보가 들어왔다. 해월과 강수는 영월에 사는 박용걸의 집으로 달려가 의논했다. 스승의 사모마저 관군에 붙들리게 둘 수 없는 일이었다. 그들은 지체 없이 사모 박씨가 살고 있는 영춘 장간지로 가 박씨 부인을 데리고 집을 나섰다. 강수가 어린 손자를 등에 업었다. 해월과 둘째 아들 세청은 짐 보따리를 짊어졌다. 그리고 무은재에 살고 있는 유인상의 집으로 향했다.

화절령을 넘어 사북을 거쳐 저녁 늦게 무은재에 도착한 박씨 부인은 그만 피로를 견디지 못하고 병이 나 누워 버렸다. 둘째 아들 세청이 어머니를 등에 업고 산길을 걸어 미천리까지 갔다. 이곳에 도착해서야 마음을 놓을 수 있었다.

해월은 박씨 사모 가족을 미천리에 정착시킨 후 비로소 한숨을 쉬었다. 문득 지난해 대강면 정석현의 집에서 다급히 헤어진 아내 손씨의 얼굴이 떠올랐다. 곧바로 들이닥친 교졸들에게 붙잡혀 갔다는 소식을 들은 후 연락이 끊긴 지 오래였다. 해월의 마음이 울적해졌다. 어린 세 딸이 엄마 옷자락을 붙들고 칭얼대며 울던 모습이 생각나 마음이 아팠다. 해월은 갑자기 주룩 흘러내린 눈물이 앞을 가려 걸을 수 없었다.

해월과 강수는 그 후 1년여 동안 관군의 눈을 피해 영월과 정선을 중심으로 도인들을 만나 강론과 수련을 하고 농사를 지었다.

1874년 1월 27일 하루 종일 눈보라가 몰아치는 매서운 추위가 이어졌다. 해월은 방 안에서 새끼를 꼬다가 문득 사모 박씨 생각을 떠올렸다. 느낌이 이상했다. 해월은 이튿날 날이 밝자 곧바로 정선 무은재로 유인상을 찾아갔다.

"사모께서는 평안하신가요?"

해월이 미천리에 살고 있는 스승 가족의 안부를 물었다.

"주인님……."

유인상이 말을 더 잇지 못하고 흐느꼈다.

"어제 아침 미천리에서 부고를 받았습니다. 병이 깊어 회복하지 못하고 그만 돌아가셨답니다."

박씨 부인은 1872년 여름 미천리에 정착한 뒤 농사를 지었지만 계속된 흉작으로 양식을 얻을 수가 없었다. 주위의 도인들이 사모 박씨 가족의 어려움을 보고 서로 양식을 보태 겨우 연명할 수 있도록 했다. 그러나 병이 깊은 데다가 영양마저 부실해 시름시름 앓다가 죽고 말았다. 사모 박씨는 계속되는 도피로 불안에 떨어야 했고 아들과 며느리의 죽음으로 정신적인 충격까지 겹쳐 몸이 회복되지 못했다. 숨을 거둔 박씨 부인의 나이는 마흔아홉 살이었다.

아리랑 아리랑 아라리요

아리랑 고개로 나를 넘겨 주게

물 한 동이 여다 놓고 물그림자 보니

촌살림 하기는 정말 원통하구나

아리랑 아리랑 아라리요

아리랑 고개로 나를 넘겨 주게

당신은 왔다가 그저 간 듯하여도

삼혼칠백(三魂七魄)의 맑은 정신 뒤따라간다

아리랑 아리랑 아라리요

아리랑 고개로 나를 넘겨 주게

도인 하나가 소리를 길게 길게 끌어가며 〈정선아리랑〉을 구슬프
게 불렀다.

해월은 날이 풀리자 3년째 행방이 묘연한 아내 손씨를 백방으로
찾았다. 어린 세 딸을 데리고 어디에 숨어 사는 것인지, 죽지는 않
았는지…….

홀아비 신세인 해월은 옹색한 생활을 했다. 김순연의 집에 신세

를 지며 기거했지만 매우 불편했다. 이웃 부인들이 해월의 의복 수발을 들었다. 제자들이 해월에게 새 부인을 맞이하라고 권했다. 해월은 생사도 모르는 아내를 두고 새장가를 들 수는 없다고 거절했다. 그러나 권명하가 여러 제자와 논의한 끝에 자신의 인척인 안동 김씨를 소개했다. 그녀는 오래전 남편과 사별하고 딸 하나와 홀로 살고 있었다.

해월은 제자들의 뜻을 끝까지 거절할 수 없었다. 홀아비로 살면서 주위의 도인들을 불편하게 하는 데다가 많은 도인을 지도하는 일도 여간 힘든 게 아니었다. 밥을 해 먹는 일부터 옷을 세탁하는 일까지 매사 번거로웠다.

해월은 이해 5월 초순, 제자들의 주선으로 안동 김씨와 혼례를 올렸다. 해월은 제자들이 마련해 놓은 인제 사동리에 있는 집에 신접살림을 차렸다.

해월이 안정을 되찾은 1875년 2월 27일 또 다른 비보가 들려왔다. 수운의 둘째 아들 세청이 처가가 있는 양양으로 가던 길에 병을 얻어 소미원으로 돌아왔다가 장기서의 집에서 급사했다는 부음이 전해졌다. 스승 수운의 부인 박씨와 두 아들이 모두 죽은 것이었다. 이제 남은 스승의 가족이라고는 세 딸과 세청의 부인뿐이었다.

아리랑 아리랑 아라리요

아리랑 고개로 나를 넘겨 주게

서산에 지는 해는 지고 싶어 지나

정들이고 가시는 님은 가고 싶어 가나

아리랑 아리랑 아라리요

아리랑 고개로 나를 넘겨 주게

오늘 갈지 내일 갈지 정수정망(定數定望)이 없는데

맨드라미 봉숭아는 왜 심어 났나

아리랑 아리랑 아라리요

아리랑 고개로 나를 넘겨 주게

정선 사는 도인 하나가 구성지게 늘이며 부르는 〈정선아리랑〉이 소백산 자락을 굽이굽이 떠돌았다. 1864년 봄, 수운이 참형당한 후 소백산과 태백산 골짜기를 떠돌아야 했던 유족의 최후는 비참했다. 해월은 스승의 유족을 온전히 보살피지 못했다는 사실 때문에 마음이 무거웠다. 자기 몸 보전하느라 스승의 가족에게 소홀했다는 자책감이 가슴을 아프게 했다. 해월은 눈물로 참회의 기도를 드렸다. 해월의 나이도 어느덧 마흔여덟 살이었다.

눈물 속에 피어나는 꽃

해월과 제자들이 산중으로 쫓겨 다니는 동안 서울의 왕실과 중앙정부에도 큰 변화가 일어났다.

어린 고종이 임금으로 즉위하면서 실권을 잡았던 흥선 대원군이 10년 만에 권좌에서 물러났다. 흥선 대원군은 1863년 고종의 섭정을 하며 대권을 잡은 뒤 강력한 군주 개혁 정치를 폈지만 며느리인 명성황후의 반발과 최익현의 상소 등으로 위기에 몰렸다. 그사이 성인이 된 고종이 친정을 선언하자 1873년 3월 정치에서 손을 떼고 운현궁으로 물러났다.

왕실이 고종 친정 체제로 바뀌면서 동학에 대한 탄압이 다소 수그러들었다. 해월은 비로소 바깥출입을 자유롭게 할 수 있었다. 경제적으로도 여유가 생겼다. 해월은 각지에서 찾아오는 도인들이 늘어나자 골짜기 입구 쪽 송두둑에 큰 집을 장만했다. 이곳 단양의 송두둑 새집은 정선 도인들이 각출해서 마련한 돈으로 지었다.

해월은 지난 1864년 겨울 경주 용담정을 덮친 관군을 피해 도망쳐 나온 후 한 번도 가 보지 못한 경주를 찾아보기로 했다.

1875년 10월, 해월은 강수와 전성문을 데리고 영남행에 나섰다. 고향 경주가 주요 목적지였다.

해월 일행은 소백산을 나와 문경, 상주, 선산을 거쳐 영천 신령에 도착했다. 가는 곳마다 숨어 지내고 있던 도인들을 몰래 만나 반갑게 상봉했다. 신령에서 하룻밤을 묵은 뒤 경주 서북쪽에 위치한 현곡면 가정리 용담으로 들어갔다. 구미산 자락의 용담은 동학의 발상지이자 성지였다. 스승 수운의 발자취가 역력했다. 감회가 새삼스러웠다. 이곳에 있는 스승의 묘소를 찾아 절하니 설움이 절로 복받쳐 올랐다. 한동안 엎드린 허리를 펴지 못하고 머리를 땅에 기댄 채 흐느꼈다.

해월은 용담을 나와 경주 읍내에 살고 있는 사촌 아우 최경화를 찾아갔다. 두 사람은 손을 붙잡고 눈물을 흘렸다. 서로가 생사조차 모르고 지내다 11년 만에 상봉하니 기쁨과 서러운 감회가 밀물처럼 밀려왔다.

해월은 11년 만에 돌아본 경주 일대의 민심이 흉흉한 것을 절감

했다. 가는 곳마다 가뭄이 극심해 추수를 해 봤자 알곡이 나오지 않았다. 농부들은 올겨울 나기가 어렵다며 불안해했다. 안으로는 최악의 흉년으로 민심이 흔들렸고 밖으로는 일본과 서양이 조선 땅에 대해 노골적으로 침략을 일삼았다. 백성들은 두려움에 떨었다.

일본은 조선 왕실과 중앙정부의 결집력이 약해지고 왕권이 추락해 가는 혼미한 틈을 이용해 부산 앞바다에 군함을 정박해 놓고 위협했다. 1875년 5월 부산항에 들어온 일본 군함이 화력을 뽐내며 무력시위를 벌였다. 사람들은 신식 무기가 내뿜는 거대한 함포 소리와 폭발음에 크게 놀랐다. 이 소문은 삽시간에 영남 일대로 퍼져 나갔다. 소문은 불안감을 조성했다. 흉흉한 이야기가 마구 떠돌았다.

일본은 함포사격에 이어 군대를 동원해 조선 반도 곳곳을 들쑤셔 놓았다. 한강 하류로 올라온 일본의 운양호가 함포를 발사해 초지진을 부숴 버리는 사건도 일어났다. 10월에는 일본인 거류자를 보호한다는 명분으로 부산항에 군함 세 척을 정박시키고 함포사격으로 위협했다. 이듬해 1876년 1월에는 군함과 수송선 등 여덟 척의 군선을 끌고 들어왔다. 조선 왕실과 중앙정부는 속수무책이었다. 신식 군함의 함포사격에 대항할 무기조차 가지고 있지 않았다.

서울의 중앙정부는 이어지는 추위 속에 연일 고종이 주재하는 대신 회의를 열고 대책을 논의했지만 말뿐이었다. 대항할 무기도 없고 힘도 없었다. 결국 일본의 요구대로 모든 것을 들어주는 굴욕적인 강화도조약을 맺는 것으로 결말이 났다.

강화도조약으로 부산항과 원산항, 인천항이 차례로 일본에 개방됐다. 일본으로 쌀 반출이 허용되었고, 일본인 상인에게는 관세가 면제됐다. 드디어 일본에게 주권을 빼앗기기 시작했고, 백성들의 불안은 날로 커져만 갔다.

해월이 경주에서 다시 단양 송두둑으로 돌아온 이듬해 1876년 8월 죽은 줄로만 알았던 본부인 손씨가 초라한 행색으로 나타났다. 5년 전인 1871년 여름 헤어진 뒤로 행방이 묘연했던 부인이었다. 해월은 몹시 마른 데다가 얼굴에 병색마저 완연한 부인의 손을 잡고 눈물을 흘렸다. 그사이 부쩍 큰 세 딸이 어색하게 아버지 해월을 바라보았다.

손씨 부인은 옥에서 풀려난 뒤 어린 딸들을 데리고 동냥도 하고 일을 해 주며 품삯을 받아 겨우 연명해 왔다고 했다. 해월의 집을 찾아온 것도 우연히 일거리를 찾아 동네로 들어왔다가 소문을 듣고서였다.

해월의 둘째 부인 김씨는 놀라면서도 공손하게 손씨 부인과 딸들을 반겼다. 손씨 부인은 이미 심한 기침으로 일을 제대로 할 수 없었다. 손씨 부인은 몹시 미안한 기색이었다. 김씨 부인은 이제 갓 돌이 지난 해월의 아들 덕기를 불러 인사시켰다. 지난해 1월에 낳은 첫 아들이었다. 손씨 부인은 덕기의 머리를 쓰다듬을 뿐 말을 잇지 못했다.

해월은 병색이 완연한 손씨 부인과 딸들에게 자신이 쓰던 방을 내주고 당분간 김씨 부인과 같이 지내도록 했다.

해월은 스승 수운의 두 아들 세정과 세청이 죽자 동학 조직의 단일화에 나섰다. 해월을 중심으로 한 단일 지도 체제가 만들어졌다. 영월과 정선, 양양 지역 도인들은 그동안 수운으로부터 법통을 이어받은 주인 해월과 수운의 두 아들 사이에 혼선을 빚고 있었지만 이제 말끔히 정리가 됐다.

해월은 단일 지도 체제가 정립되자 집단 제례 의식을 통해 도인들의 결집력을 키우는 데 전력했다. 흩어져 지내는 도인들이 한자리에 모여 의식을 지냄으로써 정보 교환과 단결력은 물론 동학도라는 소속 의식을 지닐 수 있었다. 해월은 세 가지의 지도 방침을 세웠다.

　　—신념 체계의 생활화
　　—경전을 중심으로 한 수행
　　—스승 수운의 탄생일과 순도일의 정례 집단 제례

해월은 조직의 정비와 집단 제례 의식을 갖추면서 도인들의 숫자도 불어나자 각 지역의 지도자를 불러 모았다. 스승 수운이 남긴 글과 어록을 정리해 경전을 간행하는 문제가 시급했다. 해월은 경전 간행이야말로 동학의 근간을 세우는 것이라고 확신했다. 스승의 경전은 전해 오는 것이 없었다. 그러나 해월은 늘『동경대전』과『용담유사』를 줄줄이 외우고 있었기 때문에 간행하는 데는 어려움이 없었다. 더욱이 해월은 젊은 시절 신광 기일의 제지 공장에서 종이를 만드는 노동자였다. 책을 만드는 일에는 자신이 있었다.

1880년 5월 하순 인제군 남면 갑둔리 김현수 집에다 간행소를 설치하고 판각 작업을 했다. 이곳에서 초판『동경대전』이 간행됐다. 100여 부를 출간했다.

1881년 7월에는 단양군 천동리에 있는 여규덕 집에서『용담유사』를 간행했다. 천동리는 소백산 줄기의 해발 1342미터인 도솔봉 북쪽 산자락에 위치해 있었다. 또 이곳은 해월의 거처가 있는 송두둑에서 약 2킬로미터 떨어져 있었다.

해월이 이때『동경대전』과『용담유사』를 간행하지 않았더라면 동학은 뿌리 없는 부초처럼 흘러 다니다 시들어 버렸을지도 몰랐다. 무엇보다 값진 것은 기록으로 남겨지지 않은 스승 수운의 경전을 해월의 구송으로 복원한 것이었다. 해월이 밤낮으로 줄줄 외우며 다녔던『동경대전』과『용담유사』가 아니었더라면 동학사상의 뿌리는 모래 위에 지은 집처럼 오래가지 못하고 무너졌을 것이다.

경전이 간행되자 도인들이 기뻐했다. 경전이 갖는 상징성은 대단했다. 도인들은 경전을 읽으면서 기도와 묵상을 했다. 수련의 깊이도 점점 더했다.

강원도 산중에서 경전을 간행하고 조직의 체계를 잡아가는 동안 훌쩍 세월이 흘렀다. 바깥세상은 더욱 혼돈에 빠져들고 있었다. 왕실과 중앙정부의 부패가 극에 달했고 국정 운영 기능은 마비 상태였다.

1882년 7월 23일, 임오군란이 일어났다. 일본군의 후원을 받는 신식 군대인 별기군과 차별 대우를 받는 데 불만을 품은 중앙정부 소속의 구식 군인들이 반란을 일으켰다. 정부에서 군인들에게 지급하는 급여를 몇 달째 미루다가 나중에는 쌀에 모래를 섞고 양을 속여 지급하자 분노가 폭발하고 만 것이다.

구식 군인들은 중앙정부의 개화파 신료와 일본인을 공격했다. 군인들은 모든 문제의 핵심으로 지목된 명성황후를 죽이려고 경복궁 교태전까지 습격했다. 고종은 일이 위급해지자 운현궁에 물러나 있던 아버지 대원군을 급히 불러들여 수습에 나섰다.

임오군란으로 정권을 다시 잡은 대원군은 민씨 척족을 제거하고 새로운 개혁을 주도하려 했다. 그러자 일본군이 8월 16일 인천 제물포에 1200명의 병력을 끌고 왔다. 청국도 4000명의 병력을 동원해 일본에 맞섰다. 8월 26일 아침에는 청국이 흥선 대원군을 붙잡아 중국 천진으로 끌고 갔다. 이로써 임오군란으로 복귀한 대원군 천하는 33일 만에 끝났다.

임오군란은 진압됐지만 정부는 일본에 피해를 보상하는 제물포 조약을 체결해야 했다. 손해배상금과 일본군 한 개 대대 병력을 서울 시내에 주둔시키는 굴욕적인 협약을 맺었다.

임오군란이 일어난 지 2년 뒤인 1884년 12월 4일 세상을 놀라게 한 또 다른 정변이 일어났다. 이번에는 김옥균을 중심으로 한 친일 개화파가 쿠데타를 일으켰다. 갑신정변이었다. 자주독립과 근대화를 주장하며 개혁을 내건 일종의 정치혁명이었다. 그러나 수구파의 요청을 받은 청국군의 개입으로 갑신정변 역시 삼일천하로 막을 내렸다.

고종은 다자 외교로 돌파구를 마련하려 했다. 그렇지만 이러한 의도와는 달리 조선 땅은 일본과 청국의 각축장이 되고 말았다. 개화 세력은 일본을, 수구 세력은 청국을 끌어들여 자신들의 입지를 구축하려는 데 혈안이 됐다. 나라가 수렁에 빠져들고 있었다.

국내 정세가 급박하게 돌아가는 와중에도 해월은 조직 정비와 수련에 매진했다. 세상이 혼란스러울수록 동학을 찾아오는 지식인과 선비, 농부의 수가 크게 늘어났다.

임오군란과 갑신정변으로 정세가 혼란스러울 때 경전을 간행한 해월은 경상도와 강원도 소백산과 태백 산간을 벗어나 이제 충청, 경기도 지역으로 동학의 영역을 넓혀 나갔다. 특히 충청 지역에서 동학에 입도하는 선비가 급속히 늘어났다. 강원도와 경상도 산간 지역 도인들이 종교적인 성향이 강했던 반면 충청 지역에서 찾아오는 도인들은 정치사회적인 성향이 강했다. 무능한 왕조와 부패한 중앙정부 관료에 대해 매우 비판적이었다. 일본과 청국의 내정간섭을 지켜보면서 사회변혁을 꿈꾸는 사람들이 많았다. 학식이 높은 선비들이 주를 이룬 것도 눈길을 끌었다. 이런 결과는 『동경대전』과 『용담유사』를 간행함으로써 이를 읽은 선비들이 동학의 사상적 깊이를 인정했기 때문이기도 했다. 1883년 4월 충청북도 청주의 서우순 집에 들른 해월은 모여든 도인들을 보고 놀랐다. 그 중에는 훗날 동학 3대 교주로 삼일운동과 항일 독립운동을 이끌게 될 손병희도 있었다.

해월은 이때 동학 조직의 근간이 된 육임제(六任職)를 만들었다. 이 육임제는 몇 년 뒤 보은 장내리에서 전국의 동학도들이 집결해 중앙정부와 맞설 수 있는 기틀이 됐다. 육임제는 도인의 숫자가 크게 늘어날 때 도인들을 효과적이고 체계적으로 관리하고 지휘할 것을 대비한 것이었다. 해월은 여섯 개의 서열별로 직분을 만들어 도인들에게 각각 책임을 맡겨 지역 도소(道所)별로 협의하고 의결하도록 했다. 해월은 육임직의 호칭을 정했다.

△교장 △교수 △도집 △집강 △대정 △중정

'교장'은 덕망 있는 이에게 맡겼다. '교수'는 도를 전수할 이, '도집'은 위풍 있고 선악의 한계를 가릴 줄 아는 이, '집강'은 시비를 밝히고 기강을 세울 줄 아는 이, '대정'은 부지런하고 신임이 두터운 이, '중정'은 강직한 이로 삼도록 규정했다.

이 조직은 동학 본부인 대도소에서 처음 실행돼 각 지역 포(包) 단위의 도소로 확대됐다. 육임제는 동학이 전국적인 조직체로 발전하는 데 결정적인 기틀이 됐다.

1885년 충청도 관찰사로 수구 세력의 핵심 인물인 심상훈이 부임했다. 새로 부임한 충청 감사는 단양 군수에 자신의 수하인 최희진을 발령했다.

심상훈은 부임하자마자 동학의 근거지로 지목돼 온 단양 지역에 대한 대대적인 검문검색에 나섰다. 동학 지도자들에 대해서는 검거령을 내렸다. 단양 군수 최희진은 교졸을 풀어 동학 지도자를 잡아들이기 시작했다. 충청도 관찰사 심상훈의 목적은 동학을 실질적으로 이끌고 있는 주인 해월을 잡아들이는 것이었다.

제자들이 서둘러 해월을 속리산 남쪽 기슭의 보은군 장내리로 도피시켰다. 그러나 단양에 머물던 강수와 이경교, 김성집 등 세 사람의 고위급 동학 지도자가 체포되고 말았다. 해월은 관군의 추격이 심해지자 다시 손병희와 장한주 등 수제자들과 함께 보은을 떠나 공주 마곡사로 피신했다. 한 달 후에는 다시 경상도 영천으로 내려갔다. 이곳에서도 한 달쯤 숨어 지내다가 9월에 강수가 풀려났다는 소식을 듣고 10월 상주 화령의 전성촌으로 갔다.

해월은 피신해 다닐 때나 먼 길을 나설 때면 등에 달랑 봇짐 하나만 메고 다녔다. 낡은 무명 보자기에 꼭 필요한 도구만을 넣은 뒤 둘둘 말아 묶고서 등에 메고 다녔기 때문에 사람들은 해월을 '최보따리'라고 친근하게 불렀다.

그해 12월, 해월이 상주 전성촌에 왔다는 소문을 듣고 각지에서 도인들이 몰려왔다. 도인들은 해월의 강론을 듣고자 했다. 해월은 차가운 바람도 마다하지 않고 마루와 마당에 가득 찬 도인들을 향해 얼마 전 청주 서택순의 집을 방문했을 때 이야기를 비유로 들면서 강론을 했다.

"내가 얼마 전 청주를 지나다가 서택순의 집에서 그의 며느리가 베 짜는 소리를 들었습니다. 그 소리를 듣고 서군에게 '누가 베를 짜는 소리인가?' 하고 물었습니다. 서군이 대답하기를 '제 며느리가 베를 짭니다' 하고 대답했습니다. 내가 다시 물었습니다. '그대의 며느리가 베 짜는 것이 참으로 그대의 며느리가 베를 짜는 것인 가?' 서군은 내가 하는 말뜻을 몰랐습니다. 여러분! 나의 말뜻을 모르는 것이 어디 서순택 혼자뿐이겠습니까? 서군의 며느리가 베 짜는 소리를 들었을 때 나는 하느님이 베를 짜는 소리로 들었습니다. 그러니 앞으로는 우리 도인의 집에 사람이 찾아오거든 사람이 왔다고 이르지 말고 하느님이 찾아오셨다고 말하십시오."

해월은 사람이 바로 하늘이니 사람 섬기기를 하늘같이 하라고 했다. 이 강론의 내용은 유명한 '대인접물'의 일부분이었다.

이듬해 1886년 여름 전국에 콜레라가 번졌다. 마을마다 콜레라가 번져 많은 사람이 죽었다. 해월은 콜레라가 번지기 전인 5월에 악질이 유행할 것을 내다보고 각지의 도인들에게 위생 준칙을 시달했다.

— 묵은 밥을 새 밥에 섞지 말라. 묵은 음식은 새로 끓여서 먹도록 해라.

— 침을 아무 곳에나 뱉지 말라. 만일 길에 뱉었거든 흙으로 덮고 가라.

— 대변을 본 뒤에는 길가이거든 땅에 묻고 가라.

— 구정물을 아무 곳에나 버리지 말라.

— 집 안을 하루 두 번씩 깨끗이 닦아라.

아주 기본적인 지시였지만 여름에 콜레라가 유행하면서 해월이 내린 위생 준칙은 큰 효과를 나타냈다. 해월의 지시를 따라 제대로 위생을 지킨 도인들은 콜레라의 위험에서 목숨을 건질 수 있었다. 이 때문에 당시 사람들 사이에서는 '동학을 하면 괴질도 침범하지 못한다'는 말이 나돌았다. 또 '부엌이 깨끗해야 하느님이 지나가다 복을 주고 간다'는 유행어가 생겼다. 전국을 휩쓴 전염병 콜레라는 그해 가을 추석이 지나고 찬 바람이 불면서 겨우 가라앉았다.

1887년 설을 쉰 뒤 해월은 자신의 나이가 벌써 환갑인 것을 알았다. 예순한 살을 먹은 해월은 설을 쇠자마자 장남 덕기를 장가보냈다. 덕기의 혼례를 치르고 나서 한 달이 지난 3월 초순 해월의 아내 김씨가 병이 나 자리에 눕고 말았다. 해월과 아들 덕기는 용하다는 의원을 불러 진료를 하고 귀한 약재란 약재는 다 써 보았지만 병세가 더욱 악화되었다. 김씨 부인은 병이 난 지 불과 한 달 만에 숨을 거두고 말았다. 해월은 너무 갑작스러운 부인의 죽음에 애통한 마음을 감추지 못해 소리 내어 흐느꼈다. 도인들도 해월 곁에 엎드려 곡을 했다. 아들 덕기는 어머니의 죽음에 충격을 받아 신혼의 단꿈도 잊은 채 며칠을 울었다.

해월은 부인 김씨의 장례를 치른 뒤 보은 장내리로 돌아와 이곳에 살던 부인 손씨에게 신세를 졌다. 그렇지만 손씨 부인은 심한 기침 때문에 가사를 제대로 돌보지 못했고, 이미 병이 깊어 몰골이 형편없었다. 게다가 힘든 일은 할 수 없어 거의 누워 지내다시피 해서 세 딸이 살림을 꾸려 갔다.

환갑을 맞은 해월의 머리카락이 희끗희끗하고 구레나룻은 더욱 덥수룩했다. 4월 14일은 그의 생일이었다. 제자들이 환갑을 맞은 주인 해월을 위해 잔치를 준비했다. 해월은 한 달 전 부인 김씨가 죽은 데다가 부인 손씨마저도 병색이 완연해 자리에 누워 지내는 것을 보고 가슴이 아팠다. 해월은 제자들의 환갑잔치를 만류했다. 환갑상을 받지 않기 위해 장한주에게 부인 손씨와 가족을 부탁한 뒤 유시헌을 데리고 정선군 태백산 갈래사로 들어가 칩거하며 묵상했다.

해월은 태백산에 칩거하면서 금식을 했다. 아무것도 먹지 않고 깊은 묵상을 하는 동안 해월의 지쳐 있던 몸과 마음은 서서히 기운을 얻었다.

해월은 빠르게 변하고 있는 세상을 보았다. 동학 역시 새롭게 변해야 했다. 탈바꿈하지 않으면 동력을 잃고 제자리로 고꾸라질 것이 분명했다.

금식 수행을 마친 해월은 새로 태어난 듯 몸과 마음이 충만했다. 보은 장내리로 돌아온 해월은 측근들을 불러 모아 동학의 앞날을 구상했다. 동학은 이미 경상도와 강원도, 충청도는 물론 경기도와 호남 북부 지역까지 널리 퍼져 있었다. 이제 해월 혼자서 전국의 많은 도인을 지도하고 관리하는 것은 불가능했다. 이미 만들어 놓은 육임제 조직의 틀을 가동할 때가 온 것이었다. 측근들도 이에 동의했다.

해월은 육임제를 실행하기로 결심했다. 동학 본부가 될 자리는 보은군 장내리로 결정했다. 해월과 측근 지도자들은 무더위가 극성을 부리던 여름 보은 장내리에 동학 본부인 육임소를 설치했다. 육임제에 따라 측근들에게 직책을 부여했다. 그리고 전국 각지의 동학 두령(접주)들은 매달 한 차례 보은 장내리에 설치된 동학 본부 육임소로 찾아와 강론을 듣고 돌아가 도인들을 지도하도록 했다. 또한 동학 주인인 해월을 만나려면 먼저 본부의 도장을 받아 출입하도록 했다. 해월을 만나보고자 전국에서 찾아오는 도인이 너무 많아서 취한 조치였다.

해월은 모든 도인의 이념을 하나로 통일시키는 일과 미래 비전에 확신을 갖도록 하는 데 주력했다. 해월은 물론 강수와 유시원, 손병희 등 측근 지도부는 '사람 섬기기를 하늘 섬기듯 하는 세상을 만들어 가자'는 큰 뜻을 실현시키기 위해 육임소를 통한 교육과 일사불란한 조직 운영을 차근차근 정착시켜 나갔다.

도인의 수가 날이 갈수록 폭발적으로 늘어났다. 동학하는 일로 새로운 희망을 찾는 농민과 상인, 선비가 줄을 이었다. 어지러운 사회 속에서 나를 찾기 위한 주체 의식과 자연과 생명에 대한 소중함, 정치에 대한 냉철한 비판과 자각, 세계 질서와 기운의 이치에 이르기까지 동학인들의 이념과 결집력은 놀라울 만큼 발전했다. 해월은 동학을 통해 백성들에게 나아가야 할 희망의 길을 보여 주어야 한다고 여겼다. 어둠을 밝히는 등불이 돼야 한다는 일념으로 보은 장내리를 찾아오는 도인들의 행렬을 바라보았다.

해월은 눈 내리는 겨울 산간 마을 문간방에 들어앉아 침묵 속에 새끼를 꼬던 일을 떠올렸다. 마치 그때가 엊그제 같았다. 짚 몇 가닥을 손바닥으로 비벼 가마니와 바지게, 삼태기, 짚신을 짜면서 간절하게 바랐던 소망이 비로소 꽃을 피우고 있었다. 쫓기고 쫓기면서 굶주림 속에 눈물겹도록 고독하게 보낸 고난의 세월이 한바탕 쏟아진 눈보라처럼 지나갔다.

부안 변산에 꽃이 피네

1888년 새해가 밝자 호남 북부 지역 도인들로부터 방문 요청이 잇따랐다. 해월은 익산과 전주를 거쳐 삼례를 다녀왔다. 호남 지역에서 동학을 하는 도인들이 불길처럼 번져 가고 있었다. 익산, 전주는 물론 금구, 만경, 고부, 임실, 순창 등에서 동학에 입도하는 사람들이 매일 줄을 이었다.

이해 4월 동학 지도부에서 주인 해월의 혼인에 대해 거론했다. 김씨 부인이 죽고 손씨 부인마저 천식으로 자리에 누워 지내자 새 부인을 맞아 살림을 맡기도록 해야 한다는 의견이 모아졌다.

해월은 모든 것이 도리에 맞지 않는다며 거절했다. 해월의 승낙을 얻는 것이 어렵게 되자 손병희가 청주에 있는 자신의 누이동생을 데려왔다. 시집을 가자마자 남편을 잃고 자식도 없이 청상과부가 된 누이동생이었다. 해월에게 손병희의 누이동생은 낯이 익은 얼굴이었다. 청주에 들를 때면 손병희의 누이동생이 손수 바느질을 해 옷을 지어 주고는 했다. 그녀의 바느질 솜씨는 빼어났다. 해월은 예순두 살의 고령에 젊은 밀양 손씨를 부인으로 맞아들였다. 도인들의 뜻을 끝까지 거절할 수 없었다. 부인 손씨는 흐트러진 살림을 맡아 해월을 뒷바라지했다.

그러나 세월이 흘러도 동학에 대한 탄압은 좀처럼 그칠 줄 몰랐다. 서학이 정부로부터 공인을 받아 천주교가 자유롭게 활동하는 것과는 달리 동학은 여전히 금지령이 내려져 있었다. 중앙정부는 오히려 전국 곳곳에서 민란이 일어나자 동학을 배후로 지목하고 지도부 체포에 혈안이 됐다.

1889년 해가 바뀌자마자 강원도 정선에서 민란이 일어났다. 이 민란으로 군수가 쫓겨나고 관아 심부름꾼이던 사령이 불에 타 죽었다. 뒤이어 인제에서도 민란이 일어났다. 동학 지도부는 이 일대가 동학 활동이 왕성한 지역인 만큼 도인들에게 각별히 조심할 것을 지시했다.

해월도 이때 보은 장내리에서 괴산군 신양동으로 피신했다. 이곳도 관의 추적을 받게 되자 다시 인제를 거쳐 간성 왕곡리로 갔다. 해월과 측근들이 그렇게 피신하는 동안 도인 강무경을 비롯해 네 명이 교졸에 잡혀 죽었다는 소식이 들렸다. 이해 11월에는 서울에서 최측근인 서인주가 체포됐다는 소식이 전해졌다. 누구보다 아꼈던 제자가 체포됐다는 소식을 들은 해월의 마음은 찢어질 듯 아팠다.

"더없이 강직하고 맑은 사람이 어찌 체포된단 말인가!"

해월이 한탄했다.

무서리가 하얗게 내리는 늦가을이었다. 산중에 숨어 있던 해월은 평생 자신을 따라다니는 굶주림과 고독 그리고 불안의 발자취를 돌아보다가 눈시울을 붉혔다. 곤욕의 세월이었지만 결코 굴하지 않았다. 해월의 신념은 고령의 나이에도 변함없었다. 꺾이기는 커녕 명아주처럼 더욱 단단해졌다. 언젠가는 사람이 하늘처럼 대접받는 평등한 사회가 올 것을 확신했다.

해월은 1890년 1월 매서운 눈보라를 뚫고 간성을 떠나 인제 갑둔리로 넘어왔다. 손병희가 주인 해월이 강원도 산골 마을에서 고생하는 것을 보고 충주 외서촌의 보평에 집을 마련해 모셨다. 그곳에서 부인 손씨가 첫 아들을 낳았다. 그가 훗날 항일독립운동의 투사이자 고려혁명당을 조직하고 그 조직의 지도자가 된 최동희였다.

1891년 4월 호남의 동학 지도자들인 남계천과 손화중 등이 해월을 찾아왔다. 남계천이 호남 지역의 접주제 사이에 분열이 일어나고 있다고 보고했다.

"신분을 둘러싼 알력입니다."

남계천이 입술을 일그러뜨렸다.

"조직의 분쟁을 막기 위해 만든 편의장(便義長) 제도가 오히려 조직을 분열한단 말이오! 듣지 않아도 자네가 말하고자 하는 뜻을 분명히 알겠네."

해월의 표정이 굳었다.

해월은 이 문제를 빨리 풀지 않으면 호남 지역의 동학이 내부 분열로 쪼개질 수 있다고 판단했다. 해월은 호남의 도인이 급증하면서 지역마다 접주제가 만들어지자 이를 원만히 조정하기 위해 편의장 제도를 만들었다. 부안에 사는 윤상오를 전라우도 편의장으로, 익산에 사는 남계천을 전라좌도 편의장으로 각각 임명했다.

그러자 신분을 둘러싸고 알력이 생겼다. 윤상오 쪽 도인들이 남계천이 천민 출신이라는 사실을 들고 나왔다. 천민이 지도자가 될 수 없다는 소문을 퍼뜨렸다. 반면 남계천 쪽에서는 사람은 누구나 평등하다는 사상이 동학인데, 신분 차별을 하는 윤상오 쪽 도인들은 동학할 자격이 없다며 반발했다.

해월은 신록이 푸른 6월 직접 호남으로 향했다. 장한주를 비롯한 지도부와 큰아들 덕기가 동행했다. 옥천 금산을 지나 전북 익산 남계천의 집을 거쳐 부안의 윤상오 집으로 갔다.

"양반과 상놈을 가르는 짓은 나라를 망치게 하는 지름길일세. 우리의 스승 수운께서는 일찍이 두 여종 가운데 하나는 며느리로 삼고 하나는 수양딸로 삼으셨네. 비록 목침을 세워 놓고 두령이라 해도 어김없이 따른다면 우리의 도는 속히 이루어질 것이네. 어찌 동학을 한다는 도인들이 신분을 차별하고 귀천을 따진단 말인가!"

해월은 매우 근엄하게 꾸짖었다.

윤상오는 고개를 들지 못했다. 해월은 알력의 근원이 동학을 잘 알지 못한 데서 온 것이라는 사실을 알았다. 해월은 이미 호남으로 내려올 때 결심했던 심중을 밝혔다. 도인들의 잘못된 생각을 바로잡기 위한 결단이었다.

"오늘부터 남계천이 전라좌우도의 편의장을 맡게 될 걸세! 전라도 지역의 도접주를 겸하는 것일세. 윤군은 물러나 잠시 쉬도록 하게."

해월의 단호한 결정에 윤상오는 당황하는 기색이었다. 그러나 곧 자신의 생각이 그릇되었음을 인정하고 해월 앞에 용서를 구했다. 해월은 윤상오가 호남 지역 도인 가운데 누구보다도 자신을 위해 물심양면으로 헌신해 온 제자라는 사실을 누구보다 잘 알고 있었다. 그러나 조직의 엄격한 규율과 질서를 위해서는 어쩔 수 없는 결단이었다.

해월의 호남행으로 도인들 사이에 신분을 둘러싸고 일어났던 알력은 가라앉았다. 도접주가 된 남계천의 지휘 아래 각 지역의 접주들은 물론 도인들 모두가 일사불란해졌다.

윤상오의 집을 나온 해월은 7월 초순 태인 김개남의 집에서 10여 일을 묵었다. 김개남의 집에 머물 때 호남 지역 동학 지도자들이 다 모여들었다. 이때 해월을 모셨던 지도자 중에는 도접주가 된 남계천은 물론 김덕명과 손화중, 김낙철 등도 있었다.

김개남의 집을 떠난 해월은 이번에는 김제 원평에 있는 김덕명의 집으로 향했다. 이곳에 해월이 왔다는 소문이 퍼지면서 전라도 지역의 많은 도인이 몰려왔다. 해월은 호남 도인들 앞에서 동학 정신에 대해 강론을 펼쳤다. 해월은 전라도 도인들 간의 알력이 해결되고 모든 지역의 두령들이 한마음으로 움직이는 것을 매우 흡족히 여겼다.

마침 해가 기울어 놀이 지기 시작했다. 해월은 마당에 서서 변산 쪽 서해로 지는 해를 바라보았다.

"부안 변산에 꽃이 피는구나!"

남계천과 김덕명, 김개남, 손화중은 주인 해월을 따라 붉게 물든 변산 하늘의 석양을 바라보았다. 한 무더기의 화사한 진달래꽃 같은 하늘이 출렁이고 있었다. 모두의 마음속에 숭고한 결의가 가득 차올랐다.

3장

동학혁명을 이끌다

고난의 행진

충청도 관찰사로 수구 세력 계열의 조병식이 부임했다. 조병식역시 충청 감사로 오자마자 동학에 대한 탄압을 시작했다. 1892년해가 바뀌자마자 겨울 추위에도 아랑곳하지 않고 동학 탄압에 나섰다.

해월은 근 20여 년을 중앙정부는 물론 전국 곳곳의 관아로부터수배령을 받아 온 터라 담담했다. 관찰사가 새로 부임해 올 때마다동학에 대한 단속을 강화함으로써 흐트러진 지방관아의 기강을 잡으려는 의도였다. 해월은 각 지역 접주들에게 통문(通文)을 띄워 생활 자세를 바르게 하고 묵상으로 관의 탄압에 지혜롭게 대처할 것을 지시했다.

그러나 지방관아의 동학에 대한 탄압 방법은 예전과 달랐다. 거듭된 홍수와 가뭄 등 기상이변으로 흉작에 시달리면서 살림살이가 어렵게 된 교졸들과 관원들이 여우처럼 교활해졌다. 지방관아의 군수와 고을의 수령들은 중앙정부가 내린 동학 금지령을 빌미로 도인들의 재물을 빼앗아 부를 축적하기 시작했다. 예전에는 동학하는 사람을 붙잡아 들여 옥에 가두거나 문책하는 것이 전부였다. 이제 학대는 물론 가산을 통째로 빼앗은 뒤 내쫓기까지 했다. 이 때문에 정든 고향을 떠나 떠돌이 생활을 하거나 굶어 죽는 사람이 점차 늘어났다. 여기에 유생들의 노골적인 비난과 인신공격도 가해졌다.

1892년 6월부터는 충청도 옥천과 영동, 청산 그리고 전라도 김제, 만경, 정읍 등에서 지방관아의 수령과 토호들 그리고 유생들까지 가세해 학대하는 바람에 마을에서 쫓겨나 유랑하는 도인의 수가 급증했다. 아무리 동학을 금지하고 단속했어도 길거리로 내몰지는 않았다. 고향을 쫓겨난 도인들이 갈 곳이 없자 하나둘 보은 장내리의 동학 본부로 모여들었다.

경북 상주군 공성면 효곡리에 머물던 해월은 지도부로부터 긴급 연락을 받고 고민에 빠졌다. 해월은 왕실과 중앙정부의 기강이 땅에 떨어진 것이 원인임을 알았다. 중앙정부의 권위가 실추되면서 각 지방의 수령들은 중앙의 눈치를 보지 않고 노골적으로 수탈을 일삼았다.

무더위가 극성인 8월, 서울에서 풀려난 서인주와 서병학 등 충청 지역 지도부가 상주에 있는 주인 해월을 찾아왔다.

"난세로군! 여러분은 이 난국을 어떻게 헤쳐 가야 한다고 보오?"

예순여섯 살의 해월이 덥수룩한 구레나룻을 한 차례 쓸어내리며 지도부 제자들을 바라보았다.

"저희가 이곳으로 오기 전에 논의한 결과, 수운 선생님의 명예를 회복하는 것 말고는 별다른 방법이 없다는 데 뜻이 모아졌습니다."

서인주가 지도부의 숙의 내용을 전했다.

"교조신원운동!"

해월이 눈을 치뜨며 목청을 높였다. 해월은 단박에 거절했다. 해월은 20여 년 전인 1871년 봄 영해부에서 이필제가 주도했던 신원운동의 뼈저린 아픔을 잊을 수가 없었다.

"하지만 선생님! 우리 도인들이 마음 놓고 살 수 있는 길은 그것밖에는 없지 않습니까? 중앙정부로부터 천주교처럼 합법적으로 공인을 받지 않고는 지금과 같은 탄압을 면하기가 어렵습니다."

서인주가 얼굴을 붉히며 목소리를 높였다. 서양에서 들어온 천주교는 이미 10년 전인 1882년에 해금된 것을 돌이켰다.

"난들 그것을 어찌 모르겠나? 허나, 좀 더 생각할 시간을 가져 보세."

해월은 눈을 감았다.

"이대로 그냥 보고만 있다가는 도인들이 모두 가산을 빼앗기고 길거리로 내쫓겨 거지 신세가 될 겁니다. 무엇이 두렵습니까! 후천 개벽의 때가 다가왔는데 어찌 이를 놓치려 하십니까!"

서인주가 흥분한 채 물러서지 않았다.

"인주야! 네가 어찌 감히 후천개벽을 말할 수 있느냐. 스승의 동학을 함부로 갖다 붙이지 말거라! 아직 때가 아니니 물러가 도인들을 잘 돌보거라."

흰 수염을 늘어뜨린 해월이 근엄하게 꾸짖었다. 해월의 카랑카랑한 목소리가 방 안을 울렸다. 해월은 다시 눈을 감았다. 동학의 교세는 20년 전과는 달랐다. 전국적인 조직이 갖춰졌고 도인의 수도 수십만 명에 달했다. 이번에 교조신원운동을 일으킨다면 새로운 정치사회 변혁운동이 전국적으로 확대될 것이 확실했다. 신중해야 했다. 서인주를 비롯한 충청 지역 동학 지도부는 주인 해월을 설득했다. 해월은 완고했다. 모두 기운이 빠져 돌아갔다.

산골짜기마다 나뭇잎이 붉게 물든 11월이 오자 해월은 동학 지도부를 소집했다. 해월은 강수와 김연국, 서인주, 손천민, 손병희 등 핵심 지도부가 모인 자리에서 자신의 결단을 밝혔다.

"지난여름 자네들의 청을 거절한 뒤 많은 생각을 했네. 지금 자행되고 있는 도인들의 핍박과 수난을 해결할 방법은, 스승 수운의 명예 회복을 통해 중앙정부로부터 동학을 승인받는 방법 외에는 다른 길이 없다는 결론을 내렸네."

해월이 교조신원운동의 결심을 밝히자 모두의 얼굴에 화색이 돌았다.

"효과적으로 정부를 압박하기 위해서는 조직적인 행동과 명확한 요구 사항이 필요합니다. 도인들의 결집된 힘을 통해 스승의 명예를 회복하고 나아가 백성의 안위와 나라의 앞날을 제시하는 보국안민(輔國安民)의 대의를 내세워야 합니다."

손병희가 구체적인 운동의 방향을 내놓았다.

해월을 중심으로 한 동학 지도부는 늦가을 밤이 깊도록 논의했다. 1차로 충청 감사 조병식 앞으로 스승 수운의 명예 회복을 촉구하는 소원문을 올리기로 했다. 장소는 충청 관찰사가 있는 공주로 정했다.

2차로는 전라도 전주 성에서 가까운 삼례역의 전라 감사를 상대로 소원문을 제출하기로 했다. 시기는 추수가 모두 끝나고 농한기로 접어드는 12월 중순으로 결정했다.

동학 지도부는 신속하게 움직였다. 1892년 12월 5일 각 지역 접주에게 통문이 전달됐다. 통문의 핵심 내용은 '스승 수운 선생이 억울하게 순도한 지 30년이 되었지만 아직도 명예를 회복하지 못하고 있으니 도인들은 목숨을 다해 나서자'는 것이었다. 집결 날짜와 장소는 12월 8일 공주였다.

초겨울 바람이 불기 시작한 8일 저녁 무렵에 공주 관청 영문 앞에 모여든 도인의 숫자는 1000명을 넘었다. 9일 아침 서인주와 서병학 등 지도자들이 맨 앞줄에 섰다. 소원문이 담긴 상자를 들고 1000여 명의 도인들이 관찰사가 집무하는 관청으로 들어갔다. 도인들은 관청 앞에 질서 정연하게 모여 스승의 명예 회복을 촉구하며 물러서지 않았다.

충청 감사 조병식은 예상 밖의 집단 시위에 놀라 이튿날 곧바로 동학 지도부 앞으로 답장을 보내왔다.

—동학은 국법으로 금한 이단이며 사학(邪學)이다.
—동학을 금하는 것과 금하지 않는 권한은 감사에게 없고 중앙정부에 있다.

동학 지도부는 감사 조병식의 답변 내용이 원론적인 것만 이야기하고 있다는 것을 알고 분개했다. 물러서지 않고 시위를 계속하기로 했다. 충청 감사 조병식은 동학도들이 물러나지 않고 감영 밖에서 밤새 시위를 벌이자 고민에 빠졌다. 1000여 명이나 되는 많은 도인의 기세가 사나워 자칫 민란으로 번질까 두려웠다. 조병식은 사흘 뒤인 12일 각 군과 현의 수령들에게 공문을 보내 동학도들에 대한 횡포를 금할 것을 하달했다.

동학 지도부는 충청 감사가 관할 군현의 수령들에게 시달한 공문의 내용을 확인했다. '수령들은 교졸과 관아에 명령해 동학도들에게 일체의 횡포와 침탈을 못하게 하고 편하게 생업에 종사하도록 하라'는 것이었다. 지도부는 충청 감사가 의외로 여러 고을에서 자행되고 있는 동학도들에 대한 침탈을 솔직히 시인하고 앞으로 생업에 전념하도록 도와줄 것을 시달한 공문 내용을 보고 놀랐다.

공주에 모였던 1000여 명의 도인은 스승의 명예 회복을 얻지는 못했지만 동학의 위력을 보여 준 데다가 동학을 업신여긴 충청 감사 조병식의 기세를 꺾은 것에 만족해야 했다. 지도부는 해월에게 이 같은 사실을 전했다. 해월은 곧 해산령을 내렸다. 13일, 날이 밝자 지도부의 지침에 따라 1000여 명의 충청 지역 도인이 모두 흩어졌다.

해월은 공주 집회를 끝낸 서인주 등 지도부가 전라도 삼례 집회 날짜를 12월 19일로 잡았다는 보고를 받고 허락했다. 교조신원운동 날짜가 확정되자 12월 15일 전라 지역 동학도들에게 집회를 알리는 통문을 발송했다.

19일 아침, 그해 겨울 들어 첫 추위가 찾아왔다. 살얼음이 얼었지만 삼례역에 모인 도인의 수가 수천 명에 달했다. 공주 집회보다 훨씬 많은 도인이 모여들었다. 도인들은 스승의 원한을 풀고 탐관오리의 횡포를 물리치기 위해 일어선다는 데 흥분했다. 조직적이고 일사불란한 행동에 서로 위로를 받으며 격려했다.

삼례역 집회에는 공주 집회에 가담했던 도인들은 물론 서인주와 서병학, 손천민, 손병희 등 충청과 전라도는 물론 경상도와 강원 지역 동학 지도부까지 총동원됐다.

주인 해월도 직접 삼례 집회에 참석하기 위해 측근 지도자들을 대동하고 길을 나섰다. 그러나 청주 서택순 집에 들러 하루를 묵고 아침에 출발하기 위해 나서다가 말에서 떨어지는 사고를 당했다. 예순여섯 살의 고령인 해월은 낙상으로 허리를 다쳐 꼼짝할 수가 없었다. 주인 해월의 몸은 이제 동에 번쩍 서에 번쩍하던 40~50대 때의 체력이 아니었다. 정신력은 여전히 빛나고 있었지만 육체는 예전과 달리 하루가 다르게 쇠약해졌다.

자리에 누운 해월은 곧 손천민을 불렀다. 해월은 손천민에게 삼례 집회의 주요 일정과 행동 요령을 일러 주었다. 그리고 손천민을 삼례 집회의 총책임자로 임명했다. 해월은 붓과 종이를 가져오게 해 글을 써 내려갔다.

내가 통문을 보내 각 접에서 연속으로 집회에 참여하도록 하고, 나도 참여하기 위해 길을 나섰으나 도중에 낙상하여 탈이 도지고 말았다. 틈을 보아 가려고 했지만 뜻과 같이 되지 않았으니 부끄러움과 송구함을 어찌 다 말하랴!

해월은 손천민에게 직접 쓴 편지글을 건네주었다. 그 글을 삼례에 모인 지도부에게 읽히도록 했다.

삼례역에 모인 도인들의 기세는 하늘을 찌를 듯했다. 공주에서와는 딴판이었다. 삼례역 주변은 물론 전주 성 일대 도인들이 붙인 방문은 감영을 놀라게 했다.

― 스승 수운의 원통함을 풀어라!

― 탐관오리를 제거하라!

― 교당 설치를 허가하라!

한편 손천민은 서인주, 남계천 등 지도부와 논의를 한 후 소원문을 썼다. 소원문을 전라 감사 이경직에게 직접 전달할 사람을 누구로 할 것인지 논의할 때 고부 접주 전봉준과 남원 접주 유태홍이 자원해서 나섰다.

소원문을 받은 전라 감사 이경직은 충정 감사 조병직과는 달리 강경책으로 나왔다. 전주 감영의 영장 김시풍을 불러 300여 명의 군졸을 동원해 삼례역에 모여 있는 동학도들을 해산시킬 것을 명령했다. 김시풍은 즉시 군졸을 이끌고 삼례로 갔지만 도인의 수가 수천 명에 달하는 광경을 보고 기가 눌려 전주로 되돌아왔다.

영장 김시풍의 보고를 받은 전라 감사 이경직은 강제 진압이 불가능하다고 생각하고 마음을 바꾸었다. 그는 한 해가 기울어 가는 12월 29일에야 각 군과 현에 공문을 보내 동학도들을 약탈하는 교졸과 관아는 엄벌에 처할 것임을 시달했다. 충정 감사 조병식이 했던 내용과 비슷했다. 동학 지도부는 이 내용을 확인한 뒤 장시간 논의를 벌였다. 대다수 접주들은 전라 감사가 공문을 하달했다고 하지만 일선 군과 현에서 명령을 따르지 않으면 아무 소용이 없다는 우려를 했다. 그렇지만 전라 감사로부터 직접 동학도들을 약탈하거나 박해를 하는 수령들을 엄벌하겠다는 약속을 받아 낸 건 전에는 상상도 할 수 없는 수확이었다. 지도부는 동학의 결집력과 세를 과시함으로 동학을 우습게 여기던 전라 감사를 놀라게 한 것과 그가 손수 대응책을 내놓은 것만도 승리를 한 것이라는 데 의견을 모았다.

해월은 삼례 집회의 전말에 대해 보고를 받은 뒤 12월 30일 오후 지도부에 통문을 보냈다.

스승의 명예를 회복하지는 못했지만 다시 법헌(法軒, 해월을 가리킴)의 지휘하에 일을 도모하도록 힘쓰기로 하고 해산하라.

무려 12일 동안 삼례역에 모여 시위를 벌였던 도인들이 해산을 했다. 그러나 각자 고향 집으로 돌아간 도인들은 전라도 관찰사가 각 군과 현에 내려보낸 공문에도 불구하고 고을 수령과 교졸들의 탄압과 약탈이 더 심해지자 불안에 떨었다. 도인들 가운데는 고향에 돌아가는 것을 포기하고, 도인들이 많이 모여 살고 있는 삼례로 다시 모여들었다.

　해월은 상황이 심각하게 돌아가자 지도부를 청주 서택순 집으로 소집했다.

　"우리가 속았네! 충청도와 전라 감사가 도인들을 해산시킬 목적으로 듣지도 않을 공문을 내려보낸 것일세. 어찌하면 일을 풀 수 있겠소?"

　해월의 얼굴에 수심이 가득했다.

　"지방 감사를 상대로 스승님의 명예를 회복해 달라고 소원서를 올린 것부터가 실수였습니다. 왕실과 중앙정부를 상대로 직접 소원서를 올려야 합니다. 이제 다른 방도는 없습니다."

　서인주가 결연하게 말했다.

　"중앙정부가 스승님의 명예를 회복시켜 주면 그것이 곧 동학에 대한 해금령이 될 것이니, 그 일에 모든 것을 걸어야 합니다."

　손천민의 생각도 마찬가지였다. 지도부의 생각이 똑같았다. 해월은 목숨을 걸고 싸워서 쟁취하느냐 아니면 앉아서 죽느냐 둘 중

하나라고 여겼다. 이대로 가만두면 도인들의 희생은 최악의 상황으로 치달을 것이 분명했다. 가산을 모두 빼앗기고 길거리로 쫓겨나 거지가 되거나 굶어 죽거나 유랑자 신세로 전락할 것이었다. 희생자를 줄이기 위해서라도 서둘러야 했다.

해월은 전국의 도인들이 서울에 집결해 궁궐 앞 광화문에서 평화적인 신원운동을 하기로 결심했다. 다른 길은 없었다. 해월은 이런 내용을 담은 통문을 작성해서 전국의 접주 앞으로 띄우도록 했다.

"보은 장내리에 총본부를 설치하겠네. 이곳에서 육임을 임명하고 서울 궁궐 앞 집회를 준비하도록 일을 처리하게."

고령의 해월은 굳은 결의를 다지듯 평소와 달리 목소리가 낮게 가라앉았다.

1893년 1월 하순, 보은 장내리에 설치된 총본부는 눈보라가 몰아치는 혹한 속에서도 분주하게 움직였다. 2월 초순, 손천민이 중앙정부에 올릴 상소문안을 만들었다. 하순에는 각도의 두령에게 해월 명의로 통문을 띄웠다. 서울 광화문 집회가 3월 28일 화요일로 결정됐으니 도인들을 이끌고 반드시 27일까지 상경하라는 내용이었다.

마침 3월 25일은 세자의 탄신을 기념해 과거를 치르는 날이었다. 이 때문에 서울 광화문 앞은 전국 곳곳에서 올라온 유생들로 붐

벼다. 동학도들도 과거를 보러 올라온 유생처럼 성안으로 들어와 숙소를 잡고 준비에 들어갔다.

28일 아침 꽃샘바람이 차갑게 불었지만 해가 맑았다. 전국에서 모인 도인의 숫자가 4000여 명에 달했다. 손천민과 서인주 등 지도부는 미리 준비한 상소장을 대궐 안에 전달했다. 그와 동시에 4000여 명의 도인들이 광화문 대궐 앞에 엎드려 통곡을 하기 시작했다. 스승 수운의 억울함을 풀어 줄 것과 도인들의 탄압을 중단해 달라는 요지였다. 도인들은 봄기운이 느껴지지만 아직은 얼음장처럼 차가운 땅바닥에 앉아서도 의연했다. 하루 종일 자리를 뜨는 사람이 없었다.

저녁 5시가 돼 해가 기울자 도인들은 자리에서 일어나 각자의 숙소로 돌아갔다. 다음 날 아침 해가 뜨자 다시 광화문 앞에 모여 엎드려 청원을 했다. 둘째 날에도 경복궁 안에서 아무런 답변이 나오지 않았다.

경복궁 안 대궐에서는 고종을 중심으로 대신들이 이 문제를 놓고 심각한 논의에 들어갔다. 동학도들이 대궐 앞까지 몰려와 사실상 동학에 대한 해금을 요구하는 동안에도 사간원과 홍문관 등에서는 전국 유생들의 상소가 잇따랐다. 상소의 내용은 모두 비슷했다. 동학은 이단이고 사교인 만큼 어명으로 엄격히 다스려 달라는 것이었다. 고종은 이미 서양에서 들어온 천주교는 해금해 준 지가

오래였지만 동학에 대해서만은 완고했다. 서양의 천주교가 현대식 의술과 과학기술 그리고 교육 등 다양한 문물을 함께 가져온 것과 달리 동학은 비천한 상민들이 중심이 된 시골의 어설픈 신흥종교에 지나지 않는다는 고정관념 때문이기도 했다.

광화문 앞에서 사흘째 엎드려 청원을 하던 3월 30일 오후에 임금의 어명을 전달하는 신하인 사알(司謁)이 성문 밖에 모습을 드러냈다. 모두 긴장된 얼굴로 신하의 입이 떨어지기를 기다렸다.

"짐은 너희의 상소문을 잘 받았노라! 그대들은 즉시 고향으로 돌아가 편히 일하고 있을 지어다! 그리하면 너희의 소원이 이루어지도록 조처할 것이니라!"

큰 목소리로 어명을 전달한 신하가 무표정한 얼굴로 다시 대궐 안으로 사라졌다.

4000여 명의 도인이 웅성거리기 시작했다. 임금이 동학도들의 소원을 들어준다는 소식에 놀라기도 했지만 한편으로는 믿을 수가 없었다. 더군다나 지도부는 더 이상 광화문 앞에 버틸 수 없게 됐다는 사실을 알았다. 소원을 들어준다는 왕명을 전해 듣고도 자진해서 해산하지 않는다면 임금의 뜻을 거역하는 셈이었다. 국왕이 소원을 들어주겠다고 말한 것은 교조 수운의 명예를 회복시켜 주겠다는 뜻이나 마찬가지였다.

전국에서 모인 4000여 명의 도인이 중앙정부를 상대로 벌인 광화문 집회는 3일 만인 3월 30일에 끝났다. 고종이 내렸다는 어명을 신하의 목소리를 통해 전해 들은 채 모두 흩어져야 했다.

중앙정부는 광화문 앞에 모인 동학도들이 해산하자 곧바로 체포령과 함께 포교 금지령을 내렸다. 신하가 성문 밖으로 나와 말로 전한 어명은 가짜이거나 동학도들을 해산시키기 위한 눈속임이 분명했다. 정부의 도인 체포령과 포교 금지령 소식을 들은 지도부는 각 지역 접주들에게 긴급 통문을 전해 신속히 서울을 빠져나갈 것을 지시했다.

해월은 서울 광화문 앞에서의 교조신원운동에 걸었던 한 가닥 희망이 물거품처럼 꺼졌다는 생각이 들어서 한숨을 내쉬었다. 오히려 정부가 도인들에 대한 체포령과 포교 금지령까지 내렸다는 손천민의 보고를 받고는 몹시 분노했다.

"지방의 관찰사는 말할 것도 없고 중앙정부 역시 동학에 대한 불신이 너무 깊구나. 중앙정부가 동학에 대한 탄압을 오히려 공공연히 드러낸다면, 우리가 발붙이고 편히 살 땅이 없어진다는 말 아닌가!"

해월은 예순일곱 살의 고령임에도 분별력과 상황 판단이 빠르고 정확했다. 해월은 중앙정부의 수구 세력인 대신들과 유교 이념으로 무장된 관리들이 결코 동학을 인정하지 않을 것이라는 사실을 알았다. 무엇보다 대신과 관리들은 국왕보다는 일본과 청국 또는 러시아 등의 외세를 등에 업고 정권을 잡으려는 암투에 빠져 있었다. 그들은 국가의 권위와 왕실의 전통을 보존하는 데 심혈을 기울이기는커녕 자신에게 득이 될 외세를 끌어들이기에 바빴다. 또 유리한 쪽으로 줄을 서느라 눈치를 보았다. 해월은 국가의 위기가 심각한 지경에 이른 것을 알았다.

이대로 가다가는 외국 군대에 나라를 빼앗기는 것은 시간문제였다. 왕실은 권위를 잃고 붕괴 직전의 위기에 처해 있었다. 경제는 파탄에 이르렀고 사회 기강을 바로잡을 공권력도 힘을 잃었다. 외국에 맞설 이렇다 할 군대나 무기도 없었다. 일본군이 우리 항구에 들어와 함포를 쏘아 대도 이를 방어할 수 없었다. 칼과 활, 창 그리고 몇 구의 총과 구식 대포가 전부였기 때문이다.

해월은 스승 수운의 명예를 회복해 동학의 앞날을 인정받는 것보다 위기에 처한 국가를 살리는 일이 급선무라고 여겼다. 국가를 살리기 위해서는 강토를 짓밟고 중앙정부의 내정을 간섭하는 일본과 서양 세력을 물리치는 일이었다. 과학 문물을 앞세운 서양 세력은 벌써 교육과 의료 문화 분야에 깊숙이 침투해 있었다. 해월은 나라를 강하게 만들기 위해서 동학이 해야 할 역할이 무엇인지 고민했다.

봄은 왔지만 해월의 마음속에는 여전히 차가운 겨울바람이 불고 있었다.

보은 땅에 봄이 왔네

서울에서 내려온 지도자들은 주인 해월을 모시고 보은에서 얼마 떨어지지 않은 옥천군 청산에 있는 김연국의 집으로 갔다. 이곳에서 4월 25일 스승 수운의 순도 제례를 지낸 뒤 장시간 토론을 벌였다. 손병희와 박용호, 이관영, 권병덕 등 주요 지도자들은 광화문 집회의 결과에 대해 평가했다. 모두들 왕실과 중앙정부마저도 동학을 속였다며 분개했다.

"주인님! 이대로 물러서면 도인들은 물론 동학이 설 자리가 없습니다."

손병희가 입을 열었다.

"이제 스승의 명예 회복을 요구하는 차원에 머물러서는 안 됩니다. 백성들이 동학에 큰 기대를 걸고 있고, 도인들 역시 사회변혁의 주체로 나서야 한다는 데 공감하고 있습니다. 나라 복판까지 들어와 난동을 부리고 있는 왜놈과 서양 놈들을 몰아내고 나라의 안위를 구하는 쪽으로 방향을 전환해야 합니다."

박용호가 논리 정연하게 동학이 나가야 할 길을 밝혔다.

해월은 묵묵히 듣기만 했다. 평생을 쫓기고 탄압받아 온 해월은 여느 때와 달리 결연했다. 더는 물러설 곳이 없었다. 이미 공주와 삼례 그리고 광화문 집회를 통해 동학의 저력을 눈으로 확인한 해월은 결집력을 통한 대정부 압박만이 살길인 것을 알았다.

"내 뜻도 자네들과 같네. 보은 장내리에서 시위를 벌이겠네. 이번 집회는 스승의 명예 회복과 더불어 일본과 서양 세력을 물리치기 위해 도인들이 의롭게 일어서는 것으로 확실한 명분을 세우게!"

해월이 비장하게 말했다.

해월의 결정으로 곧 통문이 만들어졌다. 각 지역의 접주들은 통문을 받는 즉시 도인들을 인솔해 보은으로 향했다.

4월 28일 오후가 되자 가까운 곳의 도인들부터 도착하기 시작했다. 30일에는 전라도 지역에서도 도착했다. 보은 장내리에 모인 도인의 수가 이내 1만 명을 넘어섰다. 5월 2일에는 2만 명에 육박했다. 보은 읍내 곳곳에 도인들이 직접 쓴 방이 나붙었다.

지금 왜적과 양적이 난동을 부리니 서울은 오랑캐의 소굴이 되었다!
왜적의 침략이 특히 더하니 500년 종묘사직이 백척간두에 섰다!
우리는 충군애국의 마음으로 일어났으니 모두 단결하여 싸우자!

방을 읽은 도인들은 사기가 충천했다. 이제 단순히 스승의 명예 회복과 동학의 해금을 요구하던 차원을 넘어 국가와 민족의 미래를 위해 외세를 무찌르는 데까지 동학의 힘이 커진 것을 실감했다.

도인들은 보은 장내리 들판과 냇가에 각기 진을 치고 장기간 머물 것에 대비해 막사를 짓고 깃발을 올렸다. 칼과 창 등 무기만 들지 않았을 뿐 지휘자의 통솔에 따라 움직이는 조직적인 대부대였다. 조선 역사를 통틀어 처음 일어난 백성들의 자발적인 비폭력 평화 시위였다.

동학도들은 무려 2만여 명의 무리를 이루었지만 질서정연했다. 서로 다투는 일도 없었고 주변이 청결했다. 대소변의 흔적은 물론 침을 뱉은 자국도 없었다. 해월이 이미 오래전에 가르친 청결 의식이 몸에 배었기 때문이었다. 도인들은 대변을 보거나 가래침을 뱉으면 반드시 흙에 묻는 것이 생활화되어 있었다.

수만 명의 도인에게 먹일 식량을 공급하는 일도 일사불란하게 이루어졌다. 식량을 보급하는 일은 곡창지대인 전라도 김제 대접주 김덕명이 책임졌다. 김덕명은 자신의 산하에 있는 고부 접주 전봉준에게 식량 보급을 책임지도록 했다. 혈기 왕성한 전봉준은 소달구지에 곡식 가마를 싣고 전라도 김제를 출발해 진안과 무주, 영동을 거쳐 보은으로 식량을 운송하는 일을 완벽하게 해냈다.

중앙정부는 보은에서 올라온 급보에 비상이 걸렸다. 2만 명이 넘는 동학도가 보은에 모여 군영처럼 움직인다는 보고 내용에 긴장했다. 보은 군수 이중익이 교졸 수십 명을 이끌고 장내리 동학 본부를 찾아왔지만 지도부는 꼼짝하지 않았다.

"우리는 왜적과 서양의 오랑캐들을 물리치자고 나선 것인데, 나라에서 이런 애국 백성들에게 상을 주어야 하지 않겠습니까!"

서병학이 오히려 큰소리로 보은 군수에게 말했다.

보은 군수는 어쩌지 못하고 돌아갔다. 군수는 물론 수십 명의 교졸은 깃발을 휘날리며 막사를 친 채 질서 정연하게 움직이는 2만여 명의 도인의 위세에 눌려 황급히 빠져나갔다. 오히려 도인의 수는 날이 갈수록 늘어났다.

해월은 5월 5일 본부 앞에 지도부와 전체 도인들을 모았다. 봄이 무르익어 신록이 푸르렀다. 하늘에서 종달새가 울었다. 도인의 수는 이제 3만여 명에 달했다. 도인들이 모두 집결하자 장내리 들판이 가득 찼다. 전국에서 모인 각 접주의 인원수를 파악하고 지역별로 접주와 도인들을 통솔할 대접주를 임명했다. 해월은 아홉 명의 대접주를 임명하고 첩지를 내렸다.

△충의포 대접주 손병희 △충경포 대접주 임규호 △청의포 대접주 손천민 △문청포 대접주 임정준 △옥의포 대접주 박석규 △관동포 대접주 이원팔 △호남포 대접주 남계천 △상공포 대접주 이관영 △보은포 대접주 김연국

도인들의 환호가 하늘을 울렸다. 수만 명의 도인이 대접주별로 세를 과시하며 함성을 질렀다. 봄바람에 펄럭이는 깃발이 장관이었다.

중앙정부는 긴장했다. 고종은 보은 땅에 모인 수만 명의 동학도가 서울 대궐로 진격해 올지도 모른다며 불안해했다. 정부는 호조 참판 어윤중을 충청과 전라도를 모두 관할하는 양호도어사(兩湖都御使)로 임명한 뒤 마패를 주어 보은으로 급파했다. 한편 이번 사태에 대한 책임을 물어 충청 감사 조병식과 전라 감사 이경직을 해직시켰다.

왕실에서는 도어사 어윤중을 파견하고도 불안한 나머지 5월 10일 대신들을 불러들여 대책을 논의했다. 고종은 보은에 있는 수만 명의 동학군이 서울로 밀고 올라오면 대궐이 위험에 빠질 수도 있다며 청국 군대를 불러오는 방안을 마련했다. 영의정 심순택과 좌

의정 조병세, 우의정 정범조 모두가 강하게 반대했다. 아무리 위기가 닥친다 해도 외국 군대를 조선 영토에 들어오도록 할 수는 없다는 게 대신들의 생각이었다.

도어사 어윤중이 보은에 도착한 것은 고종이 대신들과 청국 군대 파병 요구안을 놓고 실랑이를 벌이던 10일이었다. 어윤중은 도착하자마자 동학 지도부와 면담을 요청했다. 동학 지도부는 해월의 지시에 따라 일곱 명의 대표를 뽑아 어윤중을 면담토록 했다.

정부에서 보낸 어윤중과 동학 지도자들과의 담판은 예상했던 대로 성과를 얻지 못하고 끝났다. 협상이 난항에 빠지자 중앙정부는 12일 정부군 지휘관 홍계훈에게 1000명의 정예 병력과 기관포 등을 주어 청주로 내려가도록 했다. 청주 감영의 무장한 교졸 100여 명은 앞서 보은으로 내려와 장내리 동학 본부의 동태를 감시하고 있었다.

도어사 어윤중은 동학 지도부에 압박을 가했다. 앞으로 5일 이내 해산하지 않으면 정부군을 보내 무력 진압을 할 것이라고 최후통첩을 보냈다.

5월 17일은 종일 봄비가 내렸다. 비가 많이 내려 냇가 쪽 막사로는 물길이 들어와 도인들이 황급히 삽과 괭이를 들고 물길을 돌려야 했다.

해월과 지도부는 비가 내리는 가운데 본부에 모여 오랜 시간 열

띤 논의를 벌였다. 해산하자는 의견과 끝까지 버티자는 의견이 팽팽했다. 김덕명과 김개남이 반대했다. 호남 지역 도인들은 이대로 고향으로 돌아가면 관아의 탄압을 받아 모두 길거리로 내몰려 떠돌이 신세가 되거나 굶어 죽을 것이라고 하소연했다.

"주인님! 왕실은 이미 여러 번 우리를 속였습니다. 왕명이라 해도 권위가 실추된 지 오랩니다. 간신배와 외적이 내통해서 우리 동학을 없애려는 간교에 속아서는 안 됩니다!"

김개남이 흐느꼈다.

"너희의 마음을 내가 어찌 모르겠나. 그러나 여러 가지 상황으로 볼 때 우리에게 매우 불리한 것은 왜 생각하지 못하는가? 무장한 정부군 1000여 명이 곧 도착하게 되면 맨손인 도인들이 어찌 싸울 수 있단 말인가! 그뿐인가? 이제 곧 농사철일세. 농사를 망칠 텐가? 20여 일을 머물면서 전라도에서 공급해 온 식량도 이제는 더 이상 원만하게 댈 수 없지 않은가? 나의 깊은 뜻을 헤아려 따르게. 우리의 뜻이 하늘에 닿을 날이 곧 올 걸세."

해월의 논리 정연한 분석에 모두 입을 다물었다.

김덕명과 김개남도 주인 해월의 말을 듣고는 더 이상 고집을 부릴 수가 없었다. 현실을 무시한 채 명분만 찾다가는 자칫 무고한 도인들을 희생시키는 결과를 가져올 수 있었기 때문이었다.

밤새 격론을 벌인 동학 지도부는 해월의 뜻에 따르기로 결정을 했다. 해월은 5월 18일 날이 밝자 장내리에 모인 3만여 명의 도인에게 해산명령을 내렸다. 밤새 내리던 강한 빗줄기는 약해졌지만 대신 부슬비가 내렸다. 안개처럼 떠도는 부슬비가 장내리 주변 산을 뿌옇게 가렸다.

해월은 본부 막사 장대 위에 올라가 각 지역 대접주들의 인솔을 따라 짐을 꾸리거나 길을 떠나는 도인들의 행렬을 쓸쓸히 바라보았다. 도인 중에 누군가가 부르는 구슬픈 노랫가락이 들렸다.

비야 비야 오지 마라
대추꽃이 떨어지면
보은 청산 색시가
시집 못 가 눈물 낸다

해월은 막사로 돌아와 보따리를 쌌다. 손병희와 손천민, 서인주, 김덕명 등 측근들이 보따리를 등에 메는 주인 해월의 모습을 보다 말고 눈시울을 붉혔다. 이제 곧 일흔 살이 되는 해월의 얼굴에 주름이 깊었다. 희끗희끗한 구레나룻이 목을 가릴 만큼 무성했다. 보따리를 멘 해월은 굳게 다문 입을 열지 않았다. 부슬비가 흩날리는 산길을 따라 걷기 시작했다.

타오르는 횃불

그해 여름, 해월은 경상도 북부 지역의 도인들을 방문했다. 삼복
더위 속에 상주를 지나 김천과 성주, 칠곡, 의성 군위를 돌아 잠시
금릉에 있는 편사언의 집에 머물렀다. 9월이 돼 날씨가 선선해지자
옥천군 청산에 있는 문암리 김상원의 집으로 이사해 온 가족과 합
류했다.

해월은 이곳에서 겨울을 맞았다. 1893년 새해를 맞아 설을 쇠고
나서 며칠 되지 않아 맏아들 덕기가 갑자기 급사했다. 지난해 12월
시름시름 아프기 시작해 자리에 눕더니 불과 한 달도 안 돼 숨을 거
뒀다. 그의 나이 스물한 살이었다. 해월은 자신을 향해 쉬지 않고
밀려드는 삶의 고통을 원망하지 않았다. 다만 대의를 쫓아가느라

가족을 자상하게 보살피지 못한 여한이 일흔 살 노인의 마음을 아프게 했다.

해월은 도인들과 함께 아들 덕기를 문암리 산기슭에 매장했다. 며느리에게는 자식이 없었다. 해월은 며느리를 불쌍히 여겨 친정으로 보냈다. 앞서 부인 김씨가 죽은 데다가 자식까지 잃은 슬픔에 며느리까지 떠나자 몹시 울적했다. 덕기는 김씨 부인에게서 난 외동아들로 유난히 외로움을 많이 탔다. 그러나 정이 넘치는 아이였다. 해월은 먼 지방의 도인들을 방문할 때도 덕기를 데리고 다닐 만큼 아꼈다.

자식을 잃은 슬픔에 잠겨 있을 때 손병희와 손천민이 찾아왔다. 이윽고 서인주와 서병학도 소문을 듣고 찾아와 상심한 주인을 위로했다.

모두가 둘러앉아 차를 마시던 중에 손병희가 호남 지방의 심상찮은 분위기를 전했다.

"전주와 익산 고부 지역의 민심이 흉흉하답니다. 이들 지역은 우리 동학의 세가 가장 왕성한 곳이라서…… 혹시 도인들이 일을 낼까 걱정입니다."

해월은 우려했던 일이 현실로 닥쳐올지도 모른다는 마음에 노심초사하고 있던 중이었다. 손병희의 보고에 해월은 가슴이 덜컹 내려앉았다.

"우리 도인들의 움직임이 있는가?"

"정읍 대접주 손화중과 태안 대접주 김개남 그리고 고부 접주 전봉준 쪽에서 뭔가 일을 꾸미고 있는 것 같습니다."

서인주가 침착하게 보고했다.

"주인님! 이제 더 이상 바라만 보고 있을 수는 없을 것 같습니다. 무능하고 부패한 중앙정부를 상대로 실력을 행사해 세상을 바꾸는 혁명을 감행할 때가 온 것 같습니다. 때가 다가온 것 아닙니까?"

평소 과격한 성격의 서병학이 작심한 듯 내뱉었다. 방 안이 찬물을 끼얹은 듯 조용했다.

"후천개벽의 때라?"

해월이 머리를 들어 한동안 천정을 올려다보았다.

그때 청주에서 급히 달려온 도인이 기별을 전했다. 익산과 고부에서 민란이 일어나 고부 접주 전봉준의 아버지 전창혁이 고부 군수 조병갑에게 악형을 받고 옥에 갇혔다가 숨지고 말았다는 내용이었다. 이 사건으로 고부 지역 농민들이 심히 격분해 동요하고 있다고 했다.

동학 지도부는 드디어 올 것이 왔다는 듯 이를 악물었다. 곡창지대인 전라도가 문제였다. 고을 수령들의 수탈이 심해 농민들이 못 살겠다며 아우성이라는 소문은 널리 퍼져 있었다.

"무장봉기는 허락할 수 없네! 비폭력이어야 하네. 우선은 그쪽의 상황을 잘 지켜보도록 하게."

해월은 무장 혁명을 하자는 서병학의 건의를 받아들이지 않았다. 1893년 한 해는 폭우가 쏟아지기 전의 먹구름 같은 암울한 분위기가 이어졌다.

해가 바뀌자 전라도 고부 지역의 정세는 더욱 험악해져만 갔다. 1894년 2월 고부 접주 전봉준이 농민들을 대표해서 군수 조병갑의 횡포를 따지러 관아에 찾아갔다가 뭇매를 맞고 옥에 갇히는 사건이 일어났다. 전봉준은 옥에서 풀려나자마자 곧 손화중과 김개남을 찾아가 부패한 지방관아 수령들을 몰아내기로 뜻을 모았다는 소식이 전해졌다.

해월은 그사이 옥천군 청산 문암리에 있는 집으로 돌아와 전라도 지역에서 긴박하게 돌아가고 있는 사태를 시시각각 보고를 받고 있었다. 2월 16일 금요일 새벽 고부 지역 농민 1000여 명과 태인 지역 도인 300여 명이 합세해 죽창과 쇠스랑, 낫 등 무기가 될 만한 농구를 들고 고부 관아를 습격했다는 소식이 들렸다. 농민들은 고부 관아를 완전히 장악하고 나서 옥문을 열어 억울하게 갇힌 죄수를 풀어 주고 창고를 열어 곡식을 나눠 주었다고 했다.

"우리 도인들과 농민들이 합세한 것 같습니다. 지금 전라도 지역의 분위기로 봐서는 도인이나 농민이나 모두의 공감대가 형성된 것 같습니다. 일이 더 커질 것 같습니다. 민란 수준을 넘어 무장 혁명으로 가는 모양샙니다."

손병희가 해월에게 전라도 지역 전황을 설명했다.

"봉기의 명분은 무엇인가?"

"고부성을 격파하고 군수 조병갑의 목을 베라는 것과 무기고와 화약고를 점령하라는 것 그리고 전주 성을 함락시킨 후 서울로 진격하자는 내용입니다."

"쯧쯧쯧! 결국 일이 벌어졌군! 장차 일이 걱정일세."

해월은 눈발처럼 흩날릴 가엾은 목숨들을 걱정하며 혀를 찼다.

4월 3일 호남 지역 대접주인 김덕명과 김개남, 손화중 세 사람과 주요 지도자들이 한자리에 모였다. 이들은 동학도들을 서둘러 무장시키기로 하고 동학군을 이끌 동도 대장에 고부 접주 전봉준을 추대했다. 더불어 충청도 청산에 머물고 있는 주인 해월에게 기별을 띄워 하루속히 동학 총동원령을 내려 줄 것을 요청키로 했다.

해월은 동학 총동원령을 내리지 않았다. 좀 더 신중을 기하기로 했다. 1871년 영해난의 실패와 거듭된 공주, 삼례, 광화문에서의 신원운동과 보은에서 벌인 대규모 집회가 실패로 끝난 것도 그를 더욱 신중하게 만들었다. 무엇보다도 그의 결심을 늦추게 하는 가장 결정적인 요인은 동학의 이념이었다. 사람이 하늘이라는 평등

이념과 생명 사상이 해월의 머릿속을 맴돌았다. 피 흘려 목숨을 빼앗는 무력 항쟁은 동학의 신념을 거스르는 일이었다.

호남 지역 대접주들은 해월의 허락이 떨어지지 않자 더 이상 기다릴 수가 없었다. 연이어 해월 탄신일인 4월 17일을 봉기 날짜로 결정했다는 소식이 들려왔다. 산과 들에 진달래가 붉게 피어나고 있었다.

봉기가 시작되자 녹두장군 전봉준을 중심으로 호남 지역 각 접주들이 무장한 도인들을 이끌고 부안군 백산으로 집결했다. 4월 26일 모여든 동학군의 수는 수천 명에 달했다. 호남 지역 농민과 하층민이 모두 동학군에 합세해 대규모 해방군의 기세를 떨치고 있었다.

백산을 출발한 동학군은 호남평야를 누비며 태인, 김제, 정읍, 고창, 함평 등지를 차례로 점거했다. 5월 5일 중앙정부에서 보낸 토벌군을 장성 갈현에서 만났지만 싸움도 하지 않고 격퇴시켰다. 동학군은 보름도 안 돼 호남 지역을 모두 점령하고 말았다. 동학군의 기세가 하늘을 찌를 듯 높았다.

해월은 사태가 심상치 않게 돌아가면서 점점 확산되자 급히 지도자들을 소집시켰다. 청산으로 모인 김연국과 손천민, 손병희 등은 현재 전개되고 있는 전황과 앞으로 어떻게 돌아갈 것인지에 대해 논의했지만 결론을 내지 못했다. 호남 지역 대접주들과 합세해

혁명에 불길을 당길 것인지, 아니면 좀 더 지켜봐야 할지 고민에 빠졌다.

해월은 여전히 무력 혁명에 대해서는 원칙적으로 반대 입장을 고수했다. 무엇보다도 해월은 왕정주의의 근본 질서를 존중하면서 부패 세력과 외세를 물리치는 방향을 원했다. 동학의 기본 이념은 평등과 생명 사상이었다. 그에게는 체제 부정을 통한 무력 혁명이 아니라 비폭력 후천개벽의 믿음이 확고했다.

반면 녹두장군 전봉준과 호남 접주들은 똑같은 동학을 하면서도 변혁을 통한 주체 세력의 교체를 추구했다. 무능하고 무기력한 왕조 체제의 전복이었다. 또 중앙정부의 썩은 관료를 처단하고 사회 부조리를 뒤집어 새로운 세상을 만들어 보자는 혁명성이 더 강했다. 동학을 혁명의 도구로 내세웠고 사회변혁의 이론적인 뒷받침으로 이용했다.

해월은 전봉준의 무장 혁명을 경고했다. 그러나 전쟁터에서 주인 해월의 경고장을 받아 든 녹두는 이대로 물러설 수 없는 현실을 이해하지 못하는 주인에게 섭섭한 마음뿐이었다. 전봉준은 동학군을 이끌고 계속 진군했다. 황토현에서는 전주 진영의 관군 3000여 명을 격파했다. 장성과 태인에서도 홍계훈이 이끄는 정부군 주력부대를 섬멸했다. 그리고 초여름 기운이 물씬 묻어나기 시작한 6월 1일 정오쯤 드디어 전라 감사가 있는 전주 성을 함락시켰다. 도인은 물론 농민과 상인 할 것 없이 모든 주민이 길거리로 쏟아져 나와 환호했다. 동학군은 내친김에 충청 감사가 있는 공주 성을 함락한 뒤 곧장 국왕이 있는 서울 경복궁으로 진격하기로 했다.

동학군은 전주 성을 점령한 뒤 북진하기 위해 금강 유역에서 관군과 전투를 벌이다가 첫 패전을 했다. 이때부터 녹두장군이 이끄는 동학군의 전세가 불리해졌다. 6월 10일에는 전주 성을 다시 정부군에게 빼앗기고 말았다. 곧이어 중앙정부의 요청으로 청국 군대와 일본 군대가 동시에 조선 땅으로 들어와 동학군을 협공해 오기 시작했다. 해월에게도 이런 소식이 빠짐없이 전달됐다.

9월 중순 관군과 혈전을 벌이고 있던 녹두장군 전봉준의 측근인 오지영과 김방서, 유한필 등이 충청도 보은에 머물고 있는 해월을 찾아왔다. 전쟁터에서 온 탓에 곳곳에 흉터가 드러난 데다가 행색이 초라했다.

"주인님! 이번에도 동학이 패배하게 되면 우리의 설 자리는 영영 사라질 것이 확실합니다. 호남 도인들이 죽기를 각오하고 전쟁터에서 피를 흘리고 있습니다! 관군의 총에 맞으면 '동학 만세!' '법헌 해월 만세!'를 외치며 죽어 가고 있습니다. 벌써 왜놈들이 우리 동학을 치기 위해 개입한다는 소문이 파다합니다."

오지영이 해월 앞에 무릎을 꿇고 앉아 호소하듯 두 손을 모았다.

"호남에서 벌어지고 있는 피눈물 나는 전투를 나도 안타깝게 생각하고 있네. 다만 명분과 시기를 기다리고 있었을 뿐일세. 명분이라 함은 무력 봉기가 동학의 이념에 부합할 때가 언제냐 하는 것이고, 시기는 동학도들이 총봉기 하는 때로 언제 가장 효과적일 것인가 하는 문제였다네."

해월이 의미심장한 투로 말했다. 해월의 말을 듣던 오지영과 김방서의 눈이 촉촉해졌다. 드디어 법헌 해월 선생이 굳은 결심을 한 것이다.

"이제부터는 용담의 문하(門下)로 다시 모여 경기, 충청, 경상 지역 도인과 호남 지역 도인들의 오해와 분란을 막도록 하게!"

손병희가 주인 해월의 심중을 헤아리고 대신 말했다.

해월이 다시 전쟁터로 돌아가는 오지영의 어깨를 두 팔로 감쌌다. 오지영은 벅차오르는 감격으로 목이 메었다. 오지영은 일행과 함께 논산 일대에서 관군과 대치 중인 녹두장군과 호남 대접주들을 향해 말을 달렸다. 어느덧 뜨거운 여름이 지나가고 찬 이슬이 맺히는 10월이었다.

해월은 10월 17일 보은에서 최고 지도자 회의를 열었다. 강경론자 김국연과 온건파 손병희, 손천민이 격론을 벌였다. 지도자들의 토론을 다 듣고 난 해월이 입을 열었다. 마음을 굳힌 듯 보였다.

"이것이야말로 하늘의 뜻이요, 하늘의 운이라고 보네. 내 오랫동안 무력 투쟁에 대해 침묵으로 반대하고 질타하고 경고도 했던 게 사실이지만……. 이제 옳고 그름을 밝힐 수 있는 때가 다가온 듯하네. 호남 지역 도인들의 목숨 건 혁명 의지를 도와 함께 나가 싸우세. 외적을 몰아내고 스승의 원을 풀어 후천개벽을 이루기 바라네!"

해월은 동학의 이름을 내건 무장 혁명을 허락했다. 인내와 묵상과 수도로 견뎌 온 암흑의 긴 세월도 알고 보면 후천개벽의 때를 기다리겠다는 굳은 의지 때문이었다.

"호남 지역 모든 백성이 도인들을 지지해 동학군에 들어와 죽창을 들고 부패한 왕실과 중앙정부를 향해 일어선 것 아닌가! 외적과 부패한 관리들을 향해 창을 겨누고 있는 이 결연한 싸움이야말로 봉건 체제를 무너뜨리고 평등사회로의 전환을 요구하는 민중의 자발적인 함성이 아닌가! 잡초같이 살았던 농민들의 아우성이 울려 퍼지기 시작한 것! 이것이야말로 후천개벽의 울림이 아니고 무엇인가!"

해월의 벅찬 호소에 동학 지도자들이 눈물을 흘렸다.

해월은 곧 경기도와 충청, 경상, 강원, 황해도 등 전국 각지에 통문을 띄웠다. 수십만 동학도에 대한 봉기 명령이었다. 해월은 각 포의 접주들을 보은으로 불러 모았다.

"오늘 손병희를 동학군 통령에 임명하노라!"

해월은 손병희에게 통령기를 내려 주었다. 통령은 동학군을 실질적으로 지휘하는 야전 총사령관이었다.

전국 각지에서 몰려온 동학도의 수가 수만 명에 달했다. 지난번 보은 집회와는 달리 도인들은 무장을 하고 있었다. 죽창을 든 농민과 낫과 쇠스랑, 곡괭이를 든 농민도 보였다. 포수들은 호랑이를 잡던 총을 들고 왔다.

우금치에 떨어진 파랑새

산마다 단풍이 물들기 시작하는 10월 중순이었다. 해월의 통문을 받은 도인들이 보은 땅을 향해 움직이기 시작했다. 보은에 모인 동학군은 10만여 명에 달했다.

손병희 통령은 집결한 10만 대군을 검열하고 나서 안성 대접주 정경수를 선봉에 세웠다. 안성 포의 동학군들이 푸른 깃발을 들고 진군했다. 청주 대접주 이용구는 좌익장을 맡아 검은 깃발을 들었다. 참모 이종훈은 우익장을 맡아 흰 깃발을 들고 나갔다. 이천 대접주 전규석은 후군 지휘자로 붉은 깃발을 휘날렸다. 손 통령 자신은 중군을 맡아 황색 깃발을 앞세우고 전군을 지휘했다.

손병희가 이끄는 10만 대군은 사기 충천해서 10월 27일 청주 성을 쉽게 함락시켰다. 청주 진영의 교졸들은 10만 대군 앞에 기가 질려 싸워 보지도 않고 줄행랑을 쳤다. 손 통령은 청주 성을 점령한 후 회덕에서 마주친 정부군을 격파했다. 그리고 호남 지역 동학군에 합류하기 위해 논산으로 향했다.

녹두장군 전봉준이 이끄는 호남 지역 동학군 6만여 명은 공주 성을 다시 공격하기 위해 삼례에 주둔하고 있었다. 호남 대접주들은 손병희가 지휘하는 충청, 경기, 경상 지역 동학군 10만 명이 청주 성을 무너뜨렸다는 급보를 듣고 환호했다.

손병희와 전봉준이 만난 것은 11월 중순이었다. 추수가 끝난 들판에 초겨울 바람이 불었다. 두 지휘관이 이끄는 동학군은 공주 남쪽 이인리 들판에서 감격의 상봉을 했다.

"고생했소! 녹두장군! 그러나 법헌 해월 주인께서는 그대의 패기와 충의는 높이 사고 있지만 동학의 명을 따르지 않은 것에 대해서는 몹시 노여워하고 있다네!"

손병희 통령이 엄격히 꾸짖었다.

녹두장군이 말에서 내려 동학군 조직의 지휘 체계상 최상급자인 손 통령에게 머리를 숙였다.

"저의 죄가 큰 줄 아옵니다! 그러나 우리의 동학과 나라를 구하기 위해 분연히 일어난 것이옵니다. 조직의 규율을 어긴 점에 대해서는 추후 벌을 받을 것이옵니다."

녹두장군 전봉준은 결연했다. 손병희는 논리정연한 그의 패기를 지켜보며 매우 흡족해했다. 듣던 대로 녹두장군은 배포가 대단하고 의리가 있었다. 손 통령이 말 위에 올라서서 각 포와 접의 지휘관들에게 외쳤다.

"들거라! 우리 동학군은 이제 무능하고 부패한 왕실과 중앙정부를 쓰러뜨리고 새로운 세상을 열 것이다! 단 한 사람이 남기까지 목숨을 바쳐 싸울 것이다!"

20만 명에 가까운 동학군이 죽창과 칼과 총을 치켜올리며 일제히 환호했다. 척양척왜(斥洋斥倭, 서양을 무찌르고 일본을 무찌른다는 뜻) 글씨가 적힌 깃발이 각 진영마다 차가운 북풍에 펄럭였다.

해월은 늙은 몸을 이끌고 동학군 사이에 끼어 정황을 살폈다. 허름한 옷에 구레나룻이 무성한 촌로가 동학 최고 지도자 법헌 해월인 줄은 아무도 몰랐다. 몇몇 참모가 농사꾼으로 변장해 눈치채지 못하게 해월을 호위했다.

해월은 고종이 동학군을 진압하기 위해 불러들인 청국 군대가 화근이 된 것을 알고 있었다. 청군이 들어오자 일본 군대도 톈진조약을 핑계로 자국민을 보호한다며 인천항을 통해 들어왔다. 청국과 일본은 동학군을 진압한다는 명분으로 조선 땅에 들어오자마자 서로 총부리를 겨누었다. 조선 땅을 차지하기 위한 피나는 전쟁은 이미 예고된 것이었다. 이해 9월 청일 양국은 서로 선전포고를 했다. 해월은 조선 반도가 이미 주인 없는 땅임을 알고 탄식했다. 국왕 고종은 이빨 빠진 호랑이였다. 중앙정부의 각료들은 저마다 외국의 눈치를 보며 수구파와 개화파로 나뉘어 정쟁을 벌이느라 나라가 망하는 줄도 몰랐다.

전국 곳곳의 도인들로부터 올라오는 정보를 종합하면 일본군의 화력이 훨씬 강했다. 9월에는 평양에서 청국 군대가 일본군에 대패했다. 서해 곳곳에서 벌어진 함대 전투에서도 일본이 연일 청국 군함을 격침시키며 승승장구하고 있었다. 더욱이 일본군은 경복궁을 점령해 대원군을 다시 권좌에 앉혔다. 해월은 일본군이 여세를 몰아 곧 동학군을 공격해 올 것이라고 보았다.

"머지않아 일본군이 닥칠 걸세. 손 통령과 녹두장군에게 속히 전하게! 이곳 이인리에서 시간을 끌수록 불리해지니까 서둘러 공주 성을 쳐야 하네!"

해월의 지시를 받은 수행 참모 하나가 군열 앞쪽의 지휘부 쪽으로 달려갔다.

손 통령과 녹두장군은 해월의 참모가 전한 전황 분석을 듣고 공감했다. 공주 성을 코앞에 두고 대치하는 사이 일본군이 개입하면 끝장이었다. 손 통령은 더 이상 지체할 여유가 없다는 것을 알고 곧바로 공주 성으로의 총진격 명령을 내렸다.

11월 18일 일요일 아침 공주 성을 향해 진군하던 동학군이 목천

세성산에서 정부군의 집중 공격을 받았다. 예전의 정부군과는 달랐다. 이미 일본군이 정부군과 합세해 전열을 갖추고 있었다. 동학군은 당황했다. 일본군의 신식 무기를 당해 낼 수가 없었다. 이곳 전투에서 수백 명의 사상자가 발생했다. 동학군 지휘부는 퇴각 명령을 내렸다. 동학군은 일본군의 화력을 두려워했다.

11월 21일 이인역과 효포, 대교에 진을 친 동학군은 공주 성 공격의 기회를 엿보며 흐트러진 전열을 다듬었다. 녹두장군은 공주 성 공격을 위해 전주와 나주 인근에 주둔하고 있는 김개남과 손화중에게 통문을 보냈다. 하루속히 우금치로 병력을 이동시킬 것을 요청했다. 11월 24일 이인에서 대치 중이던 정부군과 한차례 전투가 벌어졌지만 팽팽했다. 서로 밀리지 않았다.

정부군도 동학군에 맞서 공주 성 본영과 계룡산 뒤쪽의 판치 그리고 이인역 방면으로 병력을 3진으로 나누어 방어에 나섰다. 11월 26일 월요일 밤 동학군이 계룡산 남쪽 판치에 방어진을 치고 있던 정부군을 공격했다. 동학군에 쫓긴 정부군이 우금치 고개에 주둔 중이던 일본군 진영에 합세했다. 동학군은 쫓겨 달아난 정부군을 추격해 우금치 쪽으로 공격을 집중했다. 우금치 고개만 넘으면 공주 성이었다. 공주 성을 함락시키기 위해서는 반드시 뚫어야 할 곳이었다.

"우금치를 넘지 못하면 끝장일세! 무슨 일이 있어도 저 고개를 뚫고 나가야 하네!"

동학군 속에 섞여 움직이던 해월이 참모에게 속삭였다. 참모는 다시 지휘부를 향해 달려갔다.

손 통령은 녹두장군과 함께 우금치 고개를 어떻게 뚫고 넘어갈 것인지를 논의했다. 지휘관들도 모두 우금치 공격에 대한 묘안을 내놓기 위해 골몰했다. 우금치 고개에는 일본군이 기관총으로 중무장한 채 기다리고 있었다. 지휘부는 병력이 훨씬 많은 동학군이 동시에 밀고 올라가는 인해전술 방법 말고는 다른 길이 없다는 것을 알았다.

11월 29일 새벽 돌격대가 결성됐다. 칼과 소총, 죽창을 든 500명의 동학군 돌격대가 함성을 지르며 고개를 달려 올라갔다. 고함 소리와 동시에 연발의 총성이 별들이 자글대는 밤하늘을 울렸다. 일본군 기관총이 불꽃을 내뿜자 몰려가던 동학군들이 짚단처럼 고꾸라졌다. 동학군 일부가 기관총이 있는 진지로 넘어가 사수를 칼로 찔러 죽였지만, 이내 몰려든 정부군의 창에 가슴과 등을 찔려 죽었다. 기관총 소리가 뚝 끊기자 동학군 후속 돌격대가 우금치를 향해 다시 질주했다. 고개 중턱에서 정부군과 일본군이 몰려나와 동학군과 혈투가 벌어졌다.

녹두장군이 기세를 몰아 직접 앞장섰다. 1000여 명의 정예 병력이 고개를 올라갔다. 정부군과 일본군이 필사적으로 대항했지만 동학군의 기세를 당하지 못했다. 정부군의 전열이 흐트러졌다. 정부군과 일본군이 뒷걸음치기 시작했을 때 멎었던 기관총이 다시 불꽃을 튀기며 발사되기 시작했다.

탕탕탕탕탕탕!

동학군들이 우수수 떨어지는 낙엽처럼 한꺼번에 쓰러졌다. 기관총이 있는 진지를 향해 총과 활을 쏘고 창을 던졌지만 역부족이었다. 녹두장군은 후퇴 명령을 내렸다.

"전군 후퇴! 후퇴하라!"

우금치 고개에서 살아 내려온 동학군은 겨우 500여 명뿐이었다. 우금치 고갯길에 무려 1000여 명이 넘는 동학군이 죽거나 부상을 당해 쓰러져 있었다. 화약 냄새와 피비린내가 뒤섞여 심하게 코를 찔렀다.

동학군과 정부군이 밀고 당기던 우금치 대혈전은 일주일간 이어졌다. 동학군 지휘부는 이 고개를 넘지 못하면 공주 성 공격은 물론 서울로의 진격도 허사로 끝날 것이라는 점 때문에 끝내 포기하지 않았다. 정부군과 일본군 역시 이곳 방어선이 뚫리면 공주 성이 무너지고 서울도 위험하다는 판단에 따라 신식 무기를 총동원해 결사적으로 방어했다.

양쪽의 희생자 수가 눈덩이처럼 불어났다. 구식 무기로 무장한 동학군의 사상자가 훨씬 많았다. 부상당해 실려 나간 군사만 해도 수천 명이었다. 길바닥에 쓰러져 죽거나 산속에 버려진 시체도 수백 구가 넘었다. 더 이상 희생을 강요할 수는 없었다. 무고한 동학군의 시체로 산이 만들어질 지경이었다.

손 통령과 녹두장군은 신식 무기로 무장한 일본군과 정부군의 연합작전에 패한 것을 시인했다. 울분 때문에 흐려진 눈시울이 뜨거웠다.

동학군은 12월 중순을 지나서야 우금치를 포기했다. 이곳에서 후퇴했다. 정부군과 일본군의 추격이 시작됐다. 동학군은 논산과 전주, 태인, 김제 쪽으로 밀려났다.

해월은 후퇴하는 동학군들과 함께 움직이면서 전황이 개선될 가능성이 없다는 것을 알았다. 재래식 총과 칼, 창이 전부인 동학군이 연합군의 신식 무기를 대항할 수 없었다. 해월이 따르던 참모를 불러 비장한 목소리로 속삭였다.

"최대한 빨리 안전한 지역으로 피신해 도인들을 흩어 보내라. 내일을 기약하라!"

참모가 지친 말을 타고 후퇴하는 손 통령에게로 달려갔다. 손 통령이 그의 말을 전해 듣고는 깜짝 놀라 퇴각하는 행렬 곳곳을 두리번거리며 주인 해월을 찾았다. 해월의 모습은 보이지 않았다. 손 통령은 말을 달려 주변의 길과 들판을 살폈지만 해월을 찾지 못했다. 이미 자취를 감춘 뒤였다.

차가운 북서풍이 흙먼지를 일으켰다. 뿌연 먼지가 동학군을 덮쳤다. 쉬지 않고 불어오는 강풍이 퇴각하는 동학군의 등을 세차게 때렸다. 부상당한 동학군이 길바닥에 주저앉아 우는 모습도 보였다. 녹두장군이 다가가 다친 도인을 일으켜 세워 달구지에 태워 주었다. 살아남은 동학군들은 추위 속에 불안과 공포 그리고 암담한 미래를 걱정하며 남쪽으로 퇴각했다. 논산을 지나 익산, 전주, 정읍으로 후퇴하는 도중에 죽는 사람도 늘어났다. 대오를 이탈해 빠져나가는 동학군도 많았다.

처참한 모습으로 퇴각하는 동학군의 벙거지 위로 흰 눈이 내려 쌓였다. 동학군들은 추위와 배고픔과 두려움으로 떨었다. 왜적을 물리치고 무능하고 부패한 왕조를 몰아내 새로운 평등 세상을 만들자던 동학의 꿈은 흩날리는 눈송이처럼 허망했다. 녹아서 흔적조차 없는 눈송이처럼 한낱 꿈을 꾼 기분이었다.

새로운 세상을 향해

12월 28일 전남 순창에 피신해 있던 녹두장군 전봉준이 부하였던 김경천의 밀고로 정부군에 체포됐다는 소식이 전해졌다. 이윽고 고창에서는 손화중이, 태인에서는 김개남이 모두 잡혔다는 소문이 전국 산간 마을에까지 퍼졌다.

퇴각하는 동학군 행렬에서 빠져나와 전북 장수 지역을 지나던 해월도 그 소문을 들었다. 해월은 걸음을 멈추고 제자리에 서서 고개를 숙였다. 피를 쏟으며 처참하게 쓰러지던 동학군의 장렬한 모습이 떠올랐다. 그들의 영혼을 위해 잠시 묵상을 했다. 해월은 살을 찌르는 차가운 바람을 맞으며 보따리 하나를 달랑 짊어진 채 계속 들길과 산길을 걸었다.

전북 남원을 지나 임실 지역의 낯선 길을 가다가 산자락 아래 오두막집 굴뚝에서 연기가 피어오르는 광경을 보았다. 늙은 몸의 해월은 배가 고프고 온몸이 얼어 계속 걷기가 힘들었다. 잠깐 신세를 지기로 했다.

초가집 마당은 추수한 뒤에 쌓아둔 볏가리와 풍구 등이 어지럽게 놓여 있었다. 삽짝을 밀치며 주인을 부르자 얼굴이 검게 그을린 50대 농부가 방문을 열었다.

"길손이오만, 날이 추워 좀 쉬어 갈까 하고 들렀소이다!"

"안으로 들어오시오."

농부는 선뜻 방으로 안내했다. 바깥세상이 난리가 났는데도 산골 인심은 여유롭고 풍족했다. 낯선 오두막집 농가에 들러 언 몸을 녹이며 밥까지 얻어먹은 해월은 모처럼 휴식을 취했다. 산골 농부는 혹한을 뚫고 산길을 지나는 늙은 길손에게 며칠 쉬었다 가도 좋다고 했다. 해월은 인심 좋아 보이는 농부의 집에 묵으면서 짚신을 짜고 새끼를 꼬았다. 멍석과 삼태기도 만들었다. 농부는 칠순의 촌로가 대단한 솜씨를 가졌다며 흐뭇해했다. 해월은 매일 밥값 이상의 일을 하고 있었다. 농부는 이런 노인을 이상하게 여길 리가 없었다.

해월은 사흘째 되는 날 저물녘 한 무리의 동학군 패잔병이 마을 앞을 지나가는 것을 보았다. 행렬을 이끄는 지휘자는 손병희였다. 손 통령은 전주 부근에서 녹두장군 전봉준 부대와 갈라져 임실을 거쳐 무주와 영동을 통해 보은으로 탈출하는 중이었다.

해월이 퇴각하는 동학군 앞에 나서 손병희를 향해 손을 들었다. 주인 해월을 알아본 손병희가 말에서 뛰어내려 달려왔다.

"주인님! 무사하셔서 다행입니다. 불편한 곳은 없으신지요?"

손병희가 초췌해진 늙은 해월의 몸을 두루 살폈다.

해월은 말을 하지 않았다. 가슴속에서 타오르는 울분과 슬픔으로 입을 열 수가 없었다.

손병희는 연로한 해월을 말에 태운 뒤 자신이 손수 말고삐를 잡았다. 그렇게 며칠 밤낮을 쉬지 않고 걸어 무주를 지나 학산과 영동, 용산을 거쳐 보은 북실에 도착했다.

보은 도인들은 그동안 수차례 교졸들이 들이닥쳐 해월과 동학 지도자를 잡으려고 마을을 쑥대밭으로 만들고 돌아갔다고 했다. 청산 문암리에 장만해 둔 해월의 집은 관군이 불을 질러 재밖에 남지 않았다고 했다. 해월과 지도부는 언제 관군이 들이닥칠지 모르니 서둘러 다른 곳으로 피하기로 했다.

해월은 보은에 도착한 이후 발에 병이 나는 바람에 걸을 수가 없었다. 평생을 방방곡곡 안 다녀 본 곳이 없을 정도로 걸어 다녔던 해월도 이제 나이가 들었는지 발을 제대로 딛지 못했다. 발바닥이 밀가루 반죽처럼 퉁퉁 부어올랐다. 통풍이 온 것이다.

손병희와 손천민 등 제자들이 번갈아 가며 해월을 등에 업고 산길을 나섰다. 청주 화양동과 진천 방동, 충주 외서촌 등으로 거처를 옮겨 다녔다. 중앙정부는 전국에 해월과 손병희, 손천민 등 지도부 전원에 대해 체포령을 내렸다. 고을마다 방을 붙였다. 전봉준과 김개남, 손화중 등 동학군 주요 지휘관을 체포한 중앙정부는 이제 동학의 최고 지도자 해월과 최측근인 손병희, 손천민, 김연국 등을 체포하는 데 혈안이 됐다.

해월과 손병희는 중앙정부의 추격이 이제까지와는 다른 것을 알았다. 중앙정부는 이번 기회에 동학의 뿌리를 뽑아 버리겠다는 의지가 강했다. 손병희는 최측근 참모들과 의논한 뒤 주인 해월의 행방을 감추기로 했다. 손병희와 주요 지도부 인사들이 누구에게도 알리지 않은 채 강원도 산속으로 자취를 감추었다.

해월은 최측근 지도자들과 함께 강원도 인제 산속에 있는 최영서의 집에서 1895년 설날을 맞았다. 1월 26일 토요일이었다. 설을 쇠니 해월의 나이 예순아홉 살이 되었다. 집주인 최영서가 준비한 귀한 떡국으로 아침상을 받으니 모두 가슴이 뭉클했다.

"여기 한자리에 앉은 자네들은 동학의 명맥을 이어 가야 할 귀한 생명들일세. 호남의 지도자들은 모두 붙잡혀 곧 죽게 됐으니……. 이제 그대들밖에 희망이 없구나. 늙은 이 몸은 아까울 것 없으니,

그대들은 각각 흩어져 몸을 피하도록 하게. 모두 살아남아 새날을 준비하게!"

해월이 비장하게 말했다.

모두가 비통한 마음으로 흐느꼈다. 제자들은 연로한 주인을 두고 떠날 수 없다고 버텼지만 해월의 결심은 단호했다. 해월은 슬픔에 젖어 꼼짝하지 않고 있는 제자 가운데 손병희를 향해 엄중하게 말했다.

"손 통령! 자네는 이번에 큰일을 해냈네. 그러나 실패를 두려워하지 말게. 실패는 포기할 때뿐이라네. 아직 때가 오지 않은 것뿐일세. 이제 다시 시작한다는 자세로 후일을 준비해야 하네. 동학의 미래를 이끌 각오로 마음을 굳게 하고 공부를 게을리 말게!"

해월의 당부를 듣고 나서야 손병희와 제자들은 강원도 인제의 깊은 숲속을 떠나며 훗날을 기약했다. 해월을 마지막까지 모셨던 제자들은 그렇게 뿔뿔이 흩어졌다.

산골짜기의 얼음이 모두 녹아내리고 붉은 진달래가 다투어 피어나던 4월 11일 녹두장군 전봉준과 손화중, 김덕명이 서울에서 교수형에 처해졌다는 소문이 강원도 산골짜기까지 들려왔다. 무엇보다도 해월의 가슴을 아프게 한 것은 30여 년을 한결같이 동고동락했던 강수가 우금치 전투에서 일본군의 총에 맞아 즉사했다는 소식이었다. 영덕 사람 강수는 평생 해월을 위해 살아온 진실한 도인이었다. 이필제의 난부터 가시밭길 역정을 함께 걸어온 그가 일본 군의 총에 맞아 산화한 것이었다. 늙은 해월의 두 눈에 굵은 눈물방울이 주룩 흘러내렸다.

세상은 급변했다. 지난해 우금치 전투가 한창일 무렵 홍선 대원군은 잠시 복귀했던 정치 일선에서 손을 떼고 완전히 물러났다. 동학군이 진압된 뒤에는 청국 군대와 일본 군대가 한반도에서 본격적인 전투를 벌여 지난 5월 일본의 승리로 막을 내렸다. 조선 반도에서 기득권을 차지한 일본은 기고만장했다. 11월에는 일본인 건달들과 군인들이 한밤중에 경복궁을 침입해 일본에 비협조적인 고종의 부인 명성황후를 칼로 베어 죽이는 끔찍한 사건이 일어났다.

해월은 동학혁명이 실패로 끝난 뒤 좀처럼 세상에 모습을 드러내지 않았다. 그러나 한곳에 숨어 지낸 것은 아니었다. 발병이 낫자마자 다시 쉬지 않고 걸었다. 늙은 몸을 이끌고 강원도와 충청, 경상도 지역을 쉴 새 없이 잠행했다. 사람들은 보따리 하나를 등에 메고 들길을 가는 늙고 초라한 노인이 동학의 최고 지도자 법헌 해월일 줄은 꿈에도 몰랐다. 관원과 교졸들조차 행색이 초라하기 짝이 없는 노인네가 왕실과 중앙정부는 물론 일본군의 간담을 써늘하게 만든 동학 최고 지도자 해월이라고는 감히 생각조차 못했다.

해월은 잠행 도중 만나는 도인들에게 강론을 했다. 인제에서

1895년 마지막 동짓달을 보낼 때 도인이 차려 준 보리밥 상을 앞에 놓고 입을 열었다.

"젖은 사람 몸에서 나는 곡식이요, 곡식은 천지에서 나는 젖이라네. 그러니 사람이 어려서 어머니의 젖을 빠는 것도 천지의 젖을 먹는 것이고, 자라서 곡식을 먹는 것 또한 천지의 젖을 먹는 것일세. 그래서 밥 한 그릇의 이치를 알면 만사를 아는 것이라네. 그러니 천지는 부모요, 부모는 곧 천지라네. 천지와 부모는 한 몸인 것일세. 그런데 사람들은 부모가 아이를 배는 이치는 알면서 천지가 곡식을 배는 이치는 모른다네."

해월은 천천히 그리고 꼭꼭 밥을 씹어 삼켰다. 이 강론이 유명한 '밥 사상'이었다. 문창살 밖으로 차가운 눈보라가 몰아치며 나뭇가지를 흔드는 소리가 들렸다.

1896년 새해는 홍천에서 맞았다. 해월의 나이 일흔 살이었다.

이해 중앙정부는 '건양(建陽)'이라는 연호를 제정한 후, 태음력을 없애고 태양력을 사용했다. 2월 하순 일본은 서울 한복판에 일본 헌병대를 설치했다. 시국이 불안해지자 고종은 3월 24일 친러시아파와 더불어 정동에 있는 러시아 공사관으로 몸을 피했다. 그리고 이곳에서 김홍집을 총리대신으로 하는 친러 내각을 만들었다. 왕궁을 버리고 러시아 공사관으로 도망을 친 치욕의 아관파천(俄館播遷)이었다.

불안한 정세 속에 전국 곳곳에서 의병이 일어나 지방관아를 습격하고 관리를 처단하는 일이 빈번했다. 동학도들이 보은에서 대규모 집회를 열었을 때 중앙정부의 선전관으로 내려와 3만여 명의 도인을 해산시켰던 어윤중이 3월 말 용인에서 농민들에게 피살됐다는 소문이 퍼졌다.

1896년 한 해는 민란과 기상재해가 끊이지 않았다. 서울은 안개 속처럼 한 치 앞을 내다볼 수 없는 혼돈의 연속이었다. 중앙 정계는 수구파와 개화파 진영으로 갈라져 일본과 청국 그리고 러시아를 등에 업은 채 서로 칼을 겨누며 권력 쟁취에 혈안이 돼 있었다.

1897년도 마찬가지였다. 이해 11월 왕실과 중앙정부는 국호를 대한제국으로 바꾸고 고종을 황제로 등극시켜 자주독립 국가임을 선포했다. 그러나 이를 인정해 주는 국가는 없었다. 이미 국운이 기울어진 나라를 의식하는 국가가 있을 리 없었다. 일본과 러시아를 위시해 외국 열강은 조선에서의 이익을 서로 차지하기 위해 각축을 벌였다. 전국 곳곳에서 일어나고 있던 크고 작은 민란은 더욱 심해졌다. 국가 기강은 땅에 떨어져 치안 부재 상태였다. 국가 경제도 파탄이 난 지 오래였다. 백성들의 생활은 궁핍하고 고단하기 짝이 없었다.

그해 겨울은 한파가 기승을 부려 몹시 추웠다. 사흘이 멀다 하고 눈보라가 휘날렸다. 해월은 추운 겨울, 경기도 여주의 도인 임순호가 주선해서 마련해 준 농가에 머물고 있었다.

동짓달 어느 날 해월이 손병희와 김연국, 손천민, 박인호 등 핵심 지도자에게 기별을 넣어 급히 모이도록 지시했다. 이틀째 눈보라가 뿌려 대고 있었다. 해월은 마당과 담장 위에 소복하게 쌓인 흰 눈을 보며 자신의 몸을 천천히 내려다보았다. 일흔 살을 넘긴 몸은 쇠약할 대로 쇠약해져 살갗이 나무껍질 같았다. 해월은 마음을 비웠다. 하루빨리 조직을 정비하는 일이 시급했다.

눈길을 뚫고 찾아온 지도자들에게 해월은 뜻밖에 동학의 미래를 이끌 후계자로 손병희를 임명한다고 선언했다.

"그대는 동학의 운명을 등에 지고 후세에 영원토록 하게!"

해월은 그 자리에서 손병희에게 의암(義菴)이라는 호를 지어 주었다. 그리고 함께 자리한 손천민에게는 송암(松菴), 김연국에게는 구암(龜菴)이라는 호를 각각 지어 주었다. 해월은 새 주인이 된 손병희를 중심으로 동학의 미래를 이끌 것을 지도자들에게 당부했다. 이날은 1898년 1월 16일 일요일이었다.

해월은 손병희에게 법통을 물려준 후 감회에 젖었다. 지나온 세월이 꿈만 같았다. 해월은 이곳에서 손병희 등 제자들과 함께 지내다가 설을 맞았다. 그의 나이도 어느덧 일흔두 살이었다.

설을 맞은 해월은 의암 손병희와 호서 대접주 박인주를 불러 겸상을 했다. 꿩고기를 고명으로 쓴 떡국을 맛있게 먹었다. 해월은 모처럼 떡국을 대하니 기분이 좋았다.

해월이 머물던 여주 인근에 살던 김연국은 독실한 도인들에게 주인 해월이 이곳 여주에 머물고 있다는 것을 은근히 자랑했다. 그러는 사이 김연국의 문하에 있던 권성좌의 집에 낯선 사람들의 출입이 잦은 광경을 보고 주민들이 이상히 여겨 관아에 신고했다. 1월 25일 교졸 수십 명이 들이닥쳐 권성좌를 체포해 끌고 갔다. 관아로 붙들려 간 권성좌가 고문을 견디지 못하고 해월이 살고 있는 여주 집을 알려 주고 말았다. 교졸들이 2월 13일 이른 아침 권성좌를 앞세우고 해월이 머물고 있는 여주 집에 들이닥쳤다.

교졸 하나가 권성좌에게 해월이 누구냐고 다그쳤다. 그때 위기를 느낀 손병희가 해월을 방 안에 감춰 둔 채 밖으로 나와 교졸들을 엄하게 꾸짖었다. 감히 양반집에 교졸들이 들이닥쳐 난리를 치는 것이냐며 버럭 소리를 질렀다.

"너는 누구이기에 이 집이 동학 괴수의 집이라 무고를 하느냐! 성큼 물러가지 못할까!"

손병희가 포박당한 채 끌려온 권성좌를 향해 소리쳤다.

권성좌가 쩔쩔매며 뒷걸음쳤다.

"집을 잘못 알았소."

권성좌가 마음을 바꿔 번복을 했다.

교졸들이 권성좌를 따라 집을 나갔다. 권성좌는 마을 끝에 붙어 있는 낯선 농가를 가리키며 그곳이 동학 괴수 해월이 숨은 집이라고 거짓으로 둘러댔다. 교졸들이 마침 삽짝을 열고 나오던 노인을 체포해 관아로 끌고 갔다.

손병희와 김연국 등 제자들은 교졸들이 돌아간 뒤 얼마 지나지 않아 짧은 겨울 해가 지고 날이 어두워지자 해월을 가마에 태워 산속으로 피했다.

이튿날 손병희와 권성좌에게 속은 것을 안 교졸들이 급히 여주로 출동했지만 해월과 손병희 일행이 사라진 뒤였다. 교졸들은 마을에 남아 있던 도인 김낙철을 대신 체포해 갔다. 김낙철은 매를 심하게 맞고 장독이 올라 감옥에서 죽고 말았다.

여주를 탈출한 해월 일행은 강원도 홍천 서면에 있는 오창섭의 집에 숨어들었다. 이곳에서 겨우 밥을 한술 떴다. 여기서 며칠을 숨어 지낸 뒤 임학선의 주선으로 원주시 호저면 송곡리 원여진의 집으로 옮겼다. 3월 하순 그믐께였다.

중앙정부는 해월을 체포하는 데 거듭 실패하자 송경인이라는 불량배를 앞세워 강원도 일대에 세작을 풀었다. 송경인은 한때 동학에 몸을 담았다가 동학혁명이 실패로 끝나자 서울 중앙정부의 탁지부 대신(정부의 재무를 총괄하던 장관) 민영기를 찾아가 자신이 동학 괴수 해월을 잡아 오겠다는 조건을 달고 시찰사(視察使)라는 벼슬을 받은 자였다.

송경인은 비열한 자였다. 그는 동학에 원한이 깊은 송인회를 포섭하고 이어서 김연국 관내의 도인 박용대를 돈으로 매수했다. 그들로부터 해월이 임순호의 도움으로 여주 부근에 살았었다는 사실을 알아냈다. 송경인은 곧 정부군 수십 명을 이끌고 여주로 잠입해 수사망을 좁혀 들어갔다. 그러나 해월이 이미 여주를 탈출한 것을 알고는 실망했다.

송경인은 그래도 포기하지 않았다. 그는 늙고 기력이 쇠한 해월이 멀리 도망가지는 못했을 것으로 알고 여주 장터에 세작을 풀어 해월과 관련된 정보를 모았다. 며칠 뒤 중요한 단서가 잡혔다. 설날 밑에 권성좌의 심부름으로 염창순과 안백석 등 도인들이 여주 장터에서 세찬을 많이 사 가는 것을 보았다는 정보가 입수됐다. 송경인은 해월의 제자들이 여주 장터에서 장을 본다는 사실을 알고는 교졸과 세작을 계속 잠복시켜 놓았다. 그리고 권성좌와 임순호 등 주변 인물을 감시했다.

원주 호저면 송골 원진여의 집에 모인 손병희 등 측근 제자들은 4월 11일 주인 해월의 생일이 다가오자 어떻게 할 것인지를 상의했다. 해월은 제자들의 눈치를 알아채고 엄격하게 꾸짖었다.

"지금은 때가 아닐세. 이 늙은이가 생일상을 받을 때가 아니란 말일세! 그러니 나의 생일 따위는 아예 입 밖에 꺼내지도 말게!"

해월은 완고했다.

그런데도 제자들은 점점 연로해 가면서 몸도 불편한 주인 해월의 생신을 그냥 보낼 수는 없다며 상을 차려 축하해야 한다고 판단했다. 그래서 김연국과 임학선이 앞장서 여주 장터로 도인 임학선을 보내 생선이라도 사 가지고 와 상을 차리도록 했다.

임학선은 외출 채비를 하고 송골을 나와 여주로 향했다. 한나절 만에 문막을 지나 여주 장터에 도착한 그는 어물전에 들러 평소 잘 알고 지내던 상인에게 잉어 다섯 마리를 샀다.

장터에 숨어 수상한 사람을 살피던 송경인이 낯선 촌사람이 비싼 잉어를 다섯 마리나 사 가는 모습을 보고는 곧장 어물전으로 들어갔다.

"저자는 누구요? 촌사람이 비싼 잉어를 다섯 마리나 사 가는 게 수상쩍소!"

송경인의 신분을 알아본 어물전 상인이 부들부들 떨었다.

"이 마을에 사는 농사꾼인데 동학을 한다고 들었습니다."

어물전 상인이 단골손님이던 임학선에 대해 털어놓았다.

"그러면 그렇지!"

송경인의 눈이 반짝 빛났다.

"저자가 눈치채지 못하도록 미행해라!"

약빠른 세작 두 명이 농군으로 가장을 하고 임학선의 뒤를 쫓았다. 세작들이 원주시 호저면 송골리까지 따라붙었다. 세작들은 송골 산자락 아래 해월이 숨어 있는 집을 확인하고 나서 급히 서울로 올라갔다. 송경인은 세작으로부터 전해 들은 내용을 중앙정부에 보고했다. 정부는 무장한 정부군 수십 명을 내주었다. 송경인은 이들을 이끌고 원주로 출발했다.

해월은 거듭된 만류에도 불구하고 제자들이 차린 생일상을 받았다. 그러나 기분은 나아지지 않았다. 몸이 불편해 여러 날 누워 지내는 데다가 일흔두 살의 노인네가 생일상을 받는다는 것이 미안했다. 무엇보다 지금의 시국이 생일상을 받을 때가 아니라는 생각 때문에 마음이 무거웠다. 해월은 오히려 곧 다가올 5월 24일 스승 수운이 득도한 날을 기념해서 올려야 할 제례가 더 걱정이었다.

스승 수운의 득도 기념일인 5월 24일 아침은 화창했다. 봄기운이 완연했다. 산마다 새순이 올라와 연초록의 물결을 이루고 있었다. 철쭉이 만발했다. 새소리가 골짜기를 가득 울렸다. 38년 전 스승 수운이 용담정에서 득도한 날을 아는 것인지 햇살이 유난히 밝은 화창한 날씨였다.

해월은 불편한 몸을 일으켰다. 스승이 깨달음을 얻은 날을 기리는 득도 기념식을 올리기 위해 모여든 손병희와 김연국, 임순호 등 동학 지도자와 여러 도인이 집을 가득 메웠다.

해월이 젊은 손씨 부인에게서 얻은 아들 동희는 벌써 여덟 살이었다. 마당과 골목을 오가며 동네 아이들과 뛰어노는 아들의 모습이 정겨웠다. 해월은 모처럼 밝게 비치는 햇살을 쬐기 위해 마당에 나섰다. 눈이 부셨다. 마을 가운데를 흘러가는 시냇가 위로 새들이 날아가고 있었다. 시냇가를 따라 구불구불 이어진 길 북쪽은 횡성이었다. 남쪽으로 내려가면 원주였다.

해월은 한동안 텅 빈 길을 바라보았다. 평생을 지긋지긋하게 밟고 다닌 흙길이었다. 그 길을 보자 새삼 감회가 새로웠다. 노인의 두 눈이 흔들렸다. 벌써 이 집을 떠나 낯선 곳으로 걸어갔어야 할 몸이었다. 해월은 세월을 이길 수 없는 몸이 야속했다. 불편한 몸을 이끌고 걸어가기가 쉽지 않았다. 마음은 원하지만 몸이 말을 듣지 않았다. 해월의 우울한 마음처럼 마을 앞길은 적막이 감돌았다. 누구 하나 걸어가는 이가 없었다.

일세를 풍미했던 홍선 대원군도 지난 3월에 세상을 떠났다. 해월은 물기 오른 버드나무 가지처럼 생생한 정신과는 달리 육신은 벌써 시들어 버린 것을 알았다. 불편한 몸을 제자들의 등에 의지하거나 가마에 실려 길을 나서는 것이 짐스러웠다.

"칠십 평생 잘 빌려 쓴 육신은 이제 돌아갈 때가 됐지……. 육신을 벗고 올라가야지……."

손병희는 주인 해월의 혼잣말이 궁금했다.

"선생님! 무슨 말씀이신가요?"

"허허! 궁금한 것도 많구나. 나이 든 노인네의 푸념일세. 몸은 이제 썩을 때가 됐으니 썩으면 되고, 죽지 않을 영원한 혼을 잘 지켜 끝까지 마음을 다스리자는 얘기였네."

해월은 마당에 선 채 멀리 검푸른 치악산 줄기를 바라보았다. 검은 산을 바라보던 해월이 갑자기 마음이 무거워 주저앉을 듯 힘이 빠지는 것을 느꼈다. 좀처럼 없던 이상한 느낌이었다. 아까부터 길에 행인이 보이지 않는 것도 수상했다.

해월은 조용히 손병희를 불렀다. 오늘 밤 이곳 송골에 묵지 말고 모두 떠나도록 지시했다. 손병희가 놀라면서 왜 그러느냐고 물었지만 해월은 대답하지 않았다. 제자들이 수군대자 해월이 화를 냈다. 손병희는 몸이 고단하고 불편하기 때문이라고 도인들을 설득했다. 날이 저물자 손병희와 제자들은 모두 돌아갔다. 내일 날이 밝으면 다시 오기로 하고 뿔뿔이 떠났다.

손병희는 4킬로미터 떨어진 둔둔리로, 김연국은 8킬로미터 떨어진 문막 방향의 옥계리에 있는 집으로 갔다. 이들은 각각 송골로부터 가까운 곳에 떨어져 살면서 해월의 동정을 살피면서 보필하고 있었다. 날이 어두워지자 나머지 도인들도 모두 돌아갔다.

5월 25일 새벽, 모두가 잠든 시간에 소리 없이 호저면 송골에 도착한 송경인과 정부군이 마을을 에워쌌다. 동이 트면 해월이 머물고 있는 집을 습격하기로 했다.

해월은 동이 뿌옇게 밝아 올 무렵 눈을 떴다. 동네 이곳저곳에서 들려와야 할 닭의 홰치는 소리와 울음이 멎어 있었다. 대신 곳곳에서 개 짖는 소리가 사납게 울려 퍼졌다. 해월은 바깥 기운이 심상치 않은 것을 알아챘다. 일어나 옷을 입고 정좌를 했다.

"동학 괴수 최시형은 어서 나와라!"

집을 포위한 정부군 가운데 서 있던 송경인이 외쳤다. 집 안에서 아무 기척이 없자 군졸이 삽짝을 걷어차고 마당으로 들어갔다. 해월이 방문을 활짝 열어젖혔다. 군졸들이 칼을 빼 들어 해월의 목을 겨누었다. 해월은 군졸들에게 이끌려 마당으로 나와 포승줄에 묶였다.

추위와 배고픔 속에 적막강산을 누비며 새끼를 꼬던 일이 엊그제 일처럼 떠올랐다. 공주와 삼례를 거쳐 광화문까지 올라가 중앙정부를 향해 스승의 억울함을 풀어 달라며 집단 시위를 벌였던 일과 4년 전 동학혁명으로 피 흘리며 죽어간 많은 도인의 얼굴이 주마등처럼 획획 지나갔다. 해월은 군졸들에게 붙들려 여주 관아를 거쳐 서울로 호송됐다. 산천이 초록으로 물든 눈부신 날이었다.

6월 29일 초여름 더위가 찾아왔다. 중앙정부의 법무 대신이자 평리원 재판장인 조병식이 심문했다. 해월은 침묵했다. 재판장 조병식이 입을 다문 해월에게 "동학혁명을 지시했느냐?"고 물었다. 역시 대답하지 않았다. "전봉준을 아느냐?"고 물었다. 해월은 묵묵부답이었다.

평리원은 7월 18일 마지막 공판을 열었다. 재판장 조병식이 더위에 뜸을 흘리며 첫 번째와 똑같은 내용으로 심문했다. 해월은 관군에 체포된 이후 설사병을 얻어 탈진해 있었다. 몹시 고통스러워 제대로 서 있기조차 힘들어했다. 해월은 오늘 공판이 마지막인 것을 알았다. 이 재판을 마치면 사형이 선고되리라는 것도 알았다. 조병식의 질문에 비로소 입을 열었다.

"갑오년 동학혁명은 내가 허락해서 일어난 일이다! 전봉준은 나의 제자다! 우리 도인들은 나라와 백성을 위해 목숨을 바친 애국자다! 평등한 사회를 꿈꾸고 생명을 존중하는 참된 사람들이다! 우리를 도와주지는 못할망정 총칼로 짓밟았으니 나라의 운이 다했다! 이제 내가 할 말은 다 했으니 당신은 처분만 내리면 된다!"

해월은 찢어진 옷을 걸치고 곳곳에 핏자국이 엉켜 초췌한 모습이었지만 눈빛은 빛났다. 볼이 깊이 파여 바싹 야윈 얼굴을 덥수룩한 구레나룻이 가려 신비감을 더했다.

해월의 당당한 반론에 재판정이 조용해졌다. 재판관들은 너무나 의연한 해월의 자세에 놀랐지만 애써 표정을 감추었다. 재판장 조병식은 해월의 반론을 다 듣고 난 뒤 약간 떨리는 목소리로 사형을 선고했다.

"동학 괴수 최시형을 사형에 처하노라!"

해월의 죄목은 '좌도난정률(左道亂政律)'이었다. 호남 지역을 어지럽힌 죗값이었다.

해월은 사형선고를 받은 뒤 서소문 감옥에 이감됐다. 자신이 지은 시 한 구절이 떠올라 빙그레 웃었다. 후회 없이 살아온 세월이었다.

少來墳典靑春哭
老去經綸白馬嘶

젊어서 무덤에 오니 청춘이 곡하고

늙어서 경륜이 가니 백마가 운다

이틀 후인 7월 21일은 더위가 맹위를 떨쳤다. 나무 위에서는 매미 울음이 극성이었다. 잠자리 떼가 감옥 마당을 수놓았다. 오후 2시 옥사장이 옥문 앞에 다가와 해월을 불렀다. 해월은 옥졸에게 붙들려 사형장으로 끌려갔다. 두 명의 옥졸이 해월의 양쪽 팔을 부축해 교수대 위에 앉혔다. 그중 하나가 해월의 어깨 너머 나무 벽에 망치질을 해 팻말을 걸었다.

處絞罪人 東學 魁首 崔時亨

처교죄인 동학 괴수 최시형

팻말에 적힌 글씨였다.

사진기를 든 낯선 외국인 기자가 약간의 두려움과 호기심이 가득한 표정으로 해월 앞으로 다가왔다. 그의 양손에 들린 사진기에서 펑 소리와 함께 섬광이 터졌다. 해월이 눈을 번쩍 떴다. 사진기를 든 외국인 기자는 사형수가 동학의 최고 지도자 해월이라는 소리를 듣고 마지막 모습을 찍은 것이다.

해월은 하늘을 올려다보았다. 파란 하늘에 뭉게구름이 둥실 떠

있었다. 갑자기 앞이 가려져 캄캄했다. 어둠 속에 30여 년의 길고 긴 고난의 행진이 펼쳐졌다. 해월은 머지않아 새로운 평등의 세상, 생명의 나라가 펼쳐질 것이라는 확신에 차올랐다. 최악의 시기에 한 알의 밀알로 썩게 된 자신의 육신이 대견했다. 새싹이 돋아 자라나고 꽃이 피고 열매가 맺는 것이 한순간에 다 보였다. 해월은 입가에 미소를 지었다.

잠시 후 교수형이 집행됐다.

사흘 후 옥졸들이 해월의 시신을 끌어내 광화문 밖 야산에 버렸다. 이날 폭우가 쏟아졌다. 소식을 들은 손병희가 도인 이종훈을 보내 해월의 시신을 수습해 오도록 했다. 날이 밝자 손병희와 김연국, 손천민 등 동학 지도자들은 해월의 시신이 도착하기를 기다렸다. 이종훈이 해월의 시신을 달구지에 실어 왔을 때 울음바다가 됐다. 손병희와 제자들은 서둘러 미리 정해 둔 장지로 향했다. 여주군 금사면 주록리 천덕봉 8부 능선에 주인 해월의 시신을 안장했다. 비는 이날도 계속 내렸다.

해월 최시형이 형장의 이슬로 사라지고 얼마 못 가 500년 조선왕조도 막을 내렸다. 일본이 조선 땅을 차지했다.

작가의 말

해월 최시형의 발자취를 쫓으면서 마하트마 간디를 떠올렸다. 해월은 간디의 정신, 간디의 행동, 간디의 양심, 간디의 신앙에 견줄 만한 인물이라는 확신 때문이었다.

간디는 생전에 세상 사람들로부터 '위대한 영혼'으로 추앙받으며 엄청난 영향력을 가진 인물이었지만 해월은 산속에 홀로 핀 꽃처럼 외로웠다. 자기를 드러내지 않고 낮추었다. 산촌의 농부와 함께 새끼를 꼬았다. 들에 나가 밭을 맸다. 겨울 산에 올라가 땔감을 해 나르고, 동네 주막에 앉아 막걸리를 마셨다.

그러면서도 '동학'이라는 신앙 공동체 리더 역할에 소홀함이 없었다. 희망을 잃고 떠돌던 백성들을 위로했다. 그들에게 등불을 보여 주었다. 기울어 가는 조선을 바로 세우고자 백성들을 일깨웠다. 외세의 침략을 막기 위해 고군분투했다. 그리고 의연하게 목숨을 버렸다. 간디가 인도의 영혼이었다면 해월은 조선의 영혼으로 빛났다.

해월의 발자취를 따라 경상도와 강원도 골짜기를 걸으면서 참 행복했다. 한편으로는 머리가 숙여졌다. 사람들에게 영혼의 고결함과 우주와 자연의 소중함을 일깨운 것은 너무나 놀라운 일이었다. 오늘날 전 세계의 관심이 환경과 생태를 통한 지구 살리기에 쏠려 있지만 해월은 이미 100여 년 전 자연의 중요성을 갈파했다. 조선왕조의 부패와 무능으로 일본과 청나라 등 외세의 침탈이 노골화됐을 때는 몸소 행동했다. 혁명가로서의 모범과 실천적인 삶을 보여 준 것 또한 잊지 못할 감동이었다. 그러니 어찌 머리가 숙여지지 않겠는가!

해월은 동학 창시자인 수운 최제우가 1864년 처형당한 뒤 뿔뿔이 흩어지고 구심점이 사라진 동학을 지킨 인물이다. 해월이 아니었다면 동학은 사라졌을지도 모른다. 동학을 30여 년 동안 지하에서 이끌어 온 불굴의 지도자였다.

해월은 1894년 동학혁명이 일어나기까지 30년이라는 긴 세월을 관군에 쫓기며 지하에 숨어 활동했다. 농부와 똑같이 노동을 하고, 조직을 만들고, 전통 봉건사회의 부조리를 무너뜨릴 새로운 사상과 운동성을 구체화해 나갔다. 해월이 없었더라면 전봉준도 김개남도 없었다. 동학 혁명은 일어나지도 않았다. 동학을 중심으로 한 3·1운동도 싹틀 수 없었다. 동학의 정신을 결코 포기하지 않고 지켜온 사람! 혹독한 탄압 속에 조직을 끌어온 사람! 시대의 전환을 가능케 한 이론적인 바탕을 구축한 사람! 무시무시한 폭발력을 지닌 역동성을 비축하게 한 사람! 오로지 해월이라는 한 사람이 있음으로 가능한 일이었다.

해월 최시형에 대한 평전을 쓰면서 그에 대한 역사적 오류를 올바로 보게 된 것도 큰 수확이었다.

일부 역사학자들이 해월이 보수적 혹은 반동적인 동학 지도자라는 해석을 한 것은 잘못된 정보다. 전봉준이 의롭고 동적인 진보세력이라는 것도 마찬가지로 잘못이다. 동학혁명은 보수도 아니고 진보도 아니었다. 새로운 세상을 향한 열망일 뿐이었다.

해월이 수운으로부터 도통을 이어받은 것은 수운이 관군에게 체포되기 전인 1863년이었다. 반면 전봉준이 동학에 입도한 것은 그로부터 28년 뒤인 1891년이다. 전봉준은 이때 호남의 동학 대접주였던 김덕명의 휘하에 소접주로 들어갔다. 그러니까 해월과 전봉준 사이에는 28년이라는 차이가 있다.

도올 김용옥의 표현을 빌리자면 "당시 동학의 조직적 위계로 본다면 해월 최시형은 로마 바티칸에 있는 교황쯤 되는 셈이고 전봉준은 한국의 한 교당에 있는 일개 신부쯤 된다."

해월은 이미 30여 년의 긴 세월을 지하에 숨어 방대한 동학 조직을 만들어 내고 역동성과 주체성을 갖춘 조직의 지도자로 자리해 있었다. 반면 전봉준은 해월과 달리 28년이나 뒤늦게 동학 조직에 편입된 혈기왕성한 젊은이였다.

해월에게는 세계사적인 흐름 속에 조선을 바라보는 확연한 시선이 있었다. 개벽이라는 믿음을 통해 인간과 사회를 개혁하는 구체적인 비전을 추구했다. 그런 일관된 신념 속에서 모든 것을 넓게 생각하고 신중하게 결정했다. 그러니 자신이 구축해 놓은 방대한 동학 조직을 함부로 무장 폭력에 동원할 수 없었다.

전봉준은 달랐다. 그에게 동학 조직은 비전과 의식 개혁보다는 부조리한 사회 현실을 타파하는 데 필요했다. 백성들의 삶이 무자비하게 유린되는 폭력적인 현실, 생존권에 허덕이는 민중의 삶에 대한 문제를 해결하는 일에 보다 긴요했다.

결론적으로 해월은 동학을 통해 인간의 휴머니즘 그리고 자연과 상생하는 역사를 만들려 했다. 반면 전봉준은 동학을 통해 긴박한 현실의 사회문제를 해결하려 했다. 동학을 사회혁명의 도구로 여겼다.

그러나 해월이 끝까지 비폭력을 고집하고 혁명을 외면한 것은 아니었다.

조선 말기 최대 반정부 평화 시위였던 보은 집회를 주체적으로 주도한 것이 해월이었다. 당시 보은 집회에는 전국에서 동학도 3만여 명이 집결해 한 달 가까이 중앙정부를 상대로 비폭력 대결을 벌였다. 해월은 동학군이 중앙정부군과 전투를 벌이며 서울로 진격할 때 일본군이 개입하자 총동원령을 내렸다.

그뿐 아니라 해월은 손병희를 총사령관으로 임명한 뒤 직접 동학군과 함께했다. 전라도 일대에서 동학군과 관군이 벌이는 전투 현장을 떠나지 않았다. 우금치에서는 수많은 동학군이 쓰러지는 모습을 직접 보았다. 일본군과 관군에 쫓겨 피신에 피신을 거듭한 끝에 1898년 4월 5일 강원도 원주 송골에서 체포됐다.

그리고 그해 6월 2일 지금의 서울 단성사 뒤편, 육군법원 교수대에서 처형됐다. 이로써 조선의 역사를 통틀어 가장 찬란했던 혁명가이자 동학 지도자였던 해월의 일대기가 막을 내렸다. 이때 그의 나이 일흔두 살이었다.

해월 최시형의 진심은 무엇일까? 그의 평전을 쓰는 동안 떠나지 않았던 의문의 대답은 의외로 간단했다. 우리 모두에게 '인간다운 삶'을 살도록 하는 것이었다. 인간다운 삶이란 자유와 평등과 주체적인 삶을 꾸리는 것이다. 그것을 가로막는 것이 바로 썩은 정치 관료와 논쟁에 빠져 세계가 바뀌는 줄 모르던 사대부와 호시탐탐 조선을 노리는 일본이었다. 해월은 이들 세 가지 악과 동학의 이름으로 싸웠다. 백성에게 자유와 평등과 주체의 삶을 주기 위해 자신의 몸을 내던진 빛나는 영혼이었다.

해월 최시형 연보

1827년	4월 16일 경북 경주시 황오동 229번지에서 출생. 아버지 최수종과 어머니 월성배씨 사이에서 외아들로 태어남. 본관은 경주. 본명은 최경상, 어릴 때 이름은 경오.
1832년	어머니 사망. 경상은 영일 정씨 계모에게서 자람.
1841년	아버지 최수종 사망. 아버지 사망 후 계모는 집을 나감. 누이동생과 천애 고아가 됨. 그 후 포항시 신광면에 있는 먼 친척집을 찾아가 더부살이함.
1843년	신광면 기일리에 있는 제지 공장에 취직함.
1845년	흥해 매곡리에 사는 밀양 손씨와 결혼함.
1854년	신광면 마북동으로 이사함. 마을 집강(지금의 이장)을 맡게 됨.
1860년	마북동 안쪽 금등골(검곡) 산속으로 이사해서 화전을 일굼.
1861년	경주에 동학을 만든 성인이 났다는 소문을 전해 듣고 경주 용담정을 찾아감. 그해 6월 수운 최제우의 문하에 들어가 제자가 됨.
1863년	7월 수운 최제우로부터 '해월(海月)'이란 도호를 받고 '북도 중 주인'이란 직책을 맡음. 이때부터 해월이라 불림. 12월 13일 고종 즉위.

1864년	4월 8일 대구 감영에 수감된 수운 최제우를 찾아가 면담을 하고 돌아옴. 4월 15일 수운 참형됨. 고종의 아버지 대원군 집권.
1868년	관군의 추적을 피해 경북 영양군 태백산맥 줄기인 일월산에 숨어 지냄.
1870년	동학도인 이필제가 경북 동해안 영해부에서 민란을 일으킴. 해월 제자들과 함께 강원도 태백산으로 피신함.
1873년	3년간 숨어 지내다 태백산에서 내려옴. 고종 친정 선포. 대원군 실각.
1874년	충북 단양 도솔봉으로 이사함.
1881년	단양에서 『용담유사』 간행함.
1883년	손병희 입도함.
1888년	전라도 전주, 삼례 등지 동학도인들을 직접 돌아봄.
1892년	동학교인 수천 명이 삼례에 모여 수운 최제우에 대한 명예 회복과 동학을 인정해 줄 것을 요구하는 '신원운동'을 전개함.
1893년	1월 서울 광화문에서 동학교인 수천 명이 임금에게 동학을 인정해 줄 것을 호소하다가 왕의 긍정적인 교시를 받고 해산. 4월 동학교도들의 요구가 받아들여지지 않자 충북 보은에 모여 비폭력 집단 시위를 벌임.

1894년	1월 10일 청산에서 전봉준 궐기 소식 들음. 동학혁명 발발. 해월 최시형은 손병희를 동학군 총사령관인 '통령'으로 임명함. 전라도로 진군. 전봉준 부대와 합세함. 우금치 전투에서 일본군과 관군에게 대패. 동학군 후퇴함. 6월 청일전쟁 발발.
1895년	강원도 산속으로 피신함. 10월 명성황후 시해. 을미사변.
1896년	손병희에게 '의암(義菴)' 도호 내림. 고종 아관파천
1897년	의암 손병희에게 동학 도통을 물려줌. 명성황후 국장 거행.
1898년	5월 강원도 원주시 호저면 송골에서 송경인이 이끄는 관군에 체포됨. 7월 서울 한성 감옥에서 교수형을 받아 처형됨. 제자들이 광화문 밖에 버려진 해월 최시형의 시신을 수습해 여주군 금사면 주록리 천덕봉에 안장함.

ⓒ 조중의, 2009

초　　판 1쇄 발행 2009년 3월 11일
개정판 1쇄 발행 2021년 12월 6일

지은이　　조중의
펴낸이　　강병철
펴낸곳　　더이룸출판사
출판등록　1997년 10월 30일 제1997-000129호
주소　　　10881 경기도 파주시 회동길 325-20
전화　　　편집부 02) 324-2347 경영지원부 02) 325-6047
팩스　　　편집부 02) 324-2348 경영지원부 02) 2648-1311
이메일　　jamoteen@jamobook.com

ISBN 978-89-5707-284-4 (44990)